LES ROSES.

TOME SECOND.

LES ROSES,

PAR

P. J. REDOUTÉ,

PEINTRE DE FLEURS,

Dessinateur en titre de la Classe de Physique de l'Institut et du Muséum d'Histoire Naturelle.

AVEC LE TEXTE,

PAR CL. ANT. THORY,

MEMBRE DE PLUSIEURS SOCIÉTÉS SAVANTES.

TOME SECOND.

A PARIS,

DE L'IMPRIMERIE DE FIRMIN DIDOT,

IMPRIMEUR DU ROI, DE L'INSTITUT ROYAL DE FRANCE ET DE LA MARINE,

RUE JACOB, N° 24.

1821.

ROSA CENTIFOLIA

Foliacea. (Voyez tome 2, page 78, var. α.)

LE ROSIER FOLIACÉ.

DESCRIPTION.

Cette variété, comme toutes celles qui offrent quelques singularités dans leur organisation, ne peut se perpétuer que par la greffe ou les marcottes. Pelletier, pépiniériste, dont nous avons déja cité le nom dans cet ouvrage, convertit notre Rosier, en franc-de-pied, avec beaucoup d'adresse; il nous en a livré plusieurs, garnis d'un grand nombre de très-belles fleurs. En considérant l'arbuste, d'après cette culture, il s'élève à un ou deux pieds. Ses tiges et ses folioles sont semblables à celles du Rosier à cent feuilles commun, dont il ne diffère que par les divisions du limbe, longuement foliacées, bizarrerie de la nature qui se forme aux dépens du tube du calice qui est presque nul dans cette variation.

OBSERVATIONS.

Les accidents que l'on remarque dans notre Rosier, se reproduisent sur beaucoup d'autres, et il est assez commun de voir, sur-tout au premier printemps, des divisions calicinales foliacées, ou participant de la nature des feuilles, dans les *Bengales*, les *Provins-Agathes*, les *Quatre-Saisons*, *etc.* Cette espèce de déformation est due soit à une culture trop assidue, soit à la qualité du sol, soit à d'autres causes qui influent sur les végétaux, et constituent cette foule de variétés qui renaissent continuellement. Il est même certain que l'on obtiendrait facilement des *Bengales*, des *Agathes*, des *Quatre-Saisons* et autres variétés à divisions foliacées, si l'on voulait, ainsi qu'on l'a pratiqué pour le Rosier dont nous présentons la figure, fixer, par la greffe, les accidents de ce genre qu'on y rencontre fréquemment.

Quoi qu'il en soit, c'est à M. Descemet, aujourd'hui professeur d'agriculture et directeur du jardin de botanique ainsi que des pépinières de S. M. l'empereur de Russie, à Odessa, que l'on doit la propagation du Rosier à cent feuilles foliacé. Nous en avons vu dans les pépinières qu'il dirigeait autrefois à Saint-Denis, près Paris [1], de magnifiques pieds greffés sur *Canina*, avec des fleurs de la plus grande dimension élégamment couronnées par les longues divisions foliacées du limbe. Quelquefois la Rose est prolifère et foliacée en même temps. Cet arbuste exige la même culture que celle que l'on donne aux cent feuilles ordinaires. Il faut le tailler court pour avoir de belles fleurs, bien caractérisées.

(1) Les belles collections de M. Descemet sont passées dans les pépinières de M. Vibert à Chenevières-sur-Marne, ainsi que le dit ce dernier dans les observations sur la nomenclature et le classement des Roses, etc., qu'il a publiées cette année (in-8°, 40 pages).

Rosa centifolia foliacea. *Rosier à cent feuilles, foliacé.*

P. J. Redouté pinx. Imprimerie de Rémond Langlois sculp.

ROSA SEPIUM

Rosea. (Voyez ci-après var. α.)

LE ROSIER DES HAIES

(*à fleurs roses.*)

DESCRIPTION.

Arbrisseau élevé et très-rameux. Ses branches sont armées d'aiguillons nombreux, blanchâtres et recourbés. Ses feuilles se composent de cinq ou de sept folioles, le plus souvent très-petites, chaque paire écartée l'une de l'autre, pointues au sommet et à la base, glabres en-dessus, glanduleuses en-dessous, à dents serraturées, aussi glanduleuses. Elles sont supportées par un long pétiole couvert de glandes, aiguillonné, et muni à sa base de deux stipules bifides. Les fleurs, souvent solitaires, quelquefois réunies deux ou trois ensemble, croissent à l'extrémité des ramuscules qui garnissent les branches principales. Le pédoncule est glabre ainsi que le tube ovoïde du calice. Les divisions du limbe sont pinnatifides. La Corolle présente cinq pétales d'abord d'un rose-tendre, mais qui se décolore et blanchit en peu d'heures, sur-tout à l'exposition du soleil. Fruits ovoïdes.

Nomenclature des variétés du Rosier des haies.

ROSA SEPIUM.

Rosa germinibus oblongo-ovatis, pedunculisque glabris; foliolis sublanceolatis, cuspidatis, supra glabris, subtus margineque glandulosis; petiolis aculeolatis, undique glandulis minimis præditis; ramulis ramosissimis, aculeatis. (N.)

α. R. *Sepium rosea.* Desv. Journ. Bot. septembre 1813, p. 116, var. β.
R. *Sepium.* Th. fl. de Paris, éd. 2, p. 262. DC. *syn.* 333; *idem.* Fl. franç. éd. 3.

vol. 6, p. 538. Nouv. Duhamel, vol. 7. p. 47. et *Tab.* 11, fig. 2. *Non* Rau *Enum. Ros.* p. 90.

R. (*Canina*) *var.* β. DC. Fl. franç. 3716. Poir. Ency. 6, 288, var. β. Vulg. *Rosier des haies à fl. roses.* Sous-variété à fleurs semi-doubles.

β. R. *Sepium parviflora.* Bast. Suppl. p. 31. Petit arbrisseau qui ne s'élève guères qu'à un pied et demi. Environs d'Angers. Vulg. *Rosier des haies à petites fleurs.*

γ. R. *Sepium alba.* Desv. *l. c.* p. 116, var. α.

R. (*Agrestis.*) Gm. *Bad.* 2, p. 416. Savi. *Fl. Pis.* 1, p. 475. Les folioles sont plus arrondies que dans les autres variétés. Vulg. *Rosier des haies à fl. blanches.*

δ. R. *Sepium myrtifolia.* (N.)

R. (*Myrtifolia.*) Haller Fil. R. (*Canina myrtifolia.*) Du P. *Gymn. Ros.* 1, n° 6, *in* Thy. R. Cand., p. 13. Folioles petites, elliptiques très-luisantes en-dessus, assez semblables aux feuilles du myrte. Fleurs d'un blanc-lavé-de-rose, souvent solitaires. Vulg. *Rosier des haies à feuilles de myrte.*

ε. R. *Sepium olei-carpa.* (N.)

R. *Olei-carpa.* Th. inédit. Trouvée aux environs de Paris par M. Thuillier, qui a bien voulu nous la communiquer. C'est une variété remarquable par les nervures très-saillantes des folioles, et ses fruits qui offrent la forme exacte d'une olive moyenne. Vulg. *Rosier des haies à fruits d'olivier.*

ζ. R. *Sepium ambigua.* Desv. *l. c.* p. 116. Les pédoncules sont quelquefois un peu hispides dans cette variété. Vulg. *Rosier des haies équivoque.*

η. R. *Sepium latifolia, foliolis magnis, remotis, grandi-dentatis, basi acutis, apice subrotundis; floribus exalbo-roseis; cyma trifida.* (N.)

Folioles, trois ou quatre fois plus grandes que dans la précédente; chaque paire, très-écartée l'une de l'autre, se développe sur un pétiole souvent long de quatre pouces. Cette variété nous a été envoyée par M. Le Grand, qui l'a découverte sur la lisière de la forêt de Chantilly, à Saint-Firmin, aux environs de l'habitation de M. Leconte. Vulg. *Rosier des haies à grandes feuilles.*

Les Rosiers de cette série sont communs dans toute la France. Quelques auteurs ont prétendu que le *Rosa Sepium* n'était qu'une modification du *Rosa Rubiginosa;* cependant celui-ci s'en éloigne par ses tiges moins élancées, par ses folioles presque rondes, un peu pubescentes en-dessus, et couvertes en-dessous, comme sur les bordures de glandes visqueuses, entremêlées de poils, souvent, couleur de rouille; mais, sur-tout, par la forte odeur de pomme de reinette que donnent ces mêmes folioles froissées dans les doigts, caractère propre à tous les Rosiers du groupe des *Rubiginosæ*, et qu'on ne trouve pas dans celui des *Sepienses.*

Rosa sepium rosea. *Rosier des haies à fleurs roses.*

P. J. Redouté pinx. Imprimerie de Rémond. Lemaire sculp.

ROSA PUMILA.

(Voyez *R. Gallica pumila*, vol. 1, page 76, var. ζ.)

R. *Tubo calycis oviformi pedunculisque glanduloso-hispidis; foliolis ovalibus duplicato glanduloso serratis, subtus discoloribus, pubescentibus; petiolis glandulosis aculeatis; caule superne aculeato; aculeis sparsis, inæqualibus.* Rau *En. Ros.* p. 112.

LE ROSIER D'AMOUR.

DESCRIPTION.

Sous-arbrisseau qui croit spontanément dans toute l'Allemagne, où on le nomme communément *Rosier d'Autriche.* Il s'élève à un pied et demi, rarement à deux. Ses tiges quelquefois simples, plus souvent rameuses, sont munies d'aiguillons, les uns droits, les autres recourbés, entremêlés de glandes pédicellées : ceux du sommet des branches persistent, mais ceux de la base se détachent promptement, et laissent, à leur place, de nombreuses cicatrices. Les feuilles se composent de cinq, quelquefois de trois folioles ovales-obtuses, rarement ovales-aiguës, fermes au toucher, glabres et vertes en-dessus, glauques et pubescentes en-dessous, doublement dentées, glanduleuses en leur bord. Elles sont portées par un pétiole velu et glanduleux, muni d'aiguillons recourbés. Les fleurs, odorantes, sont solitaires ou réunies deux ou trois ensemble à l'extrémité des rameaux. Les pédoncules qui les supportent ainsi que les tubes oviformes du calice, sont couverts de soies glanduleuses. Les divisions du limbe, lancéolées, appendiculées, presque aussi longues que les pétales, sont également glanduleuses à l'extérieur, et tomenteuses à l'intérieur. Corolle de cinq pétales, grands, eu égard à la petitesse de l'arbrisseau, d'un ton blanchâtre à l'extérieur, et d'un pourpre-clair à leur intérieur. Fruits pyriformes, couverts de quelques poils, rougeâtres ou de couleur d'orange à la maturité. Ils persistent long-temps l'hiver.

Observations particulières à cet arbuste.

Il est aujourd'hui démontré que le R. *Pumila* est le type de toutes les variétés du R. *Gallica* qui font l'ornement de nos parterres; et c'est par ce motif que, dans notre nomenclature des R. *Gallicæ*, nous l'avons présenté sous le nom de R. *Gallica pumila*.

Ce Rosier est à peine connu en France: Du Pont en possédait un pied qui a passé, avec sa collection, dans le jardin du Luxembourg. Nous l'avons retrouvé cette année dans celui de M. Le Dru, maire de Fontenay-aux-Roses, et c'est là que nous avons pris notre modèle. Comparé avec les échantillons que nous avons reçus de diverses contrées de l'Allemagne, et notamment de Wurzbourg, il nous a paru que la culture avait, en France, un peu augmenté les dimensions de l'arbrisseau dans toutes ses parties: les botanistes de ces contrées ne seront donc pas surpris si les proportions de l'individu, d'après lequel nous avons fait notre dessin, ne sont pas tout-à-fait en rapport, pour la grandeur, avec la plante sauvage.

M. Rau cite, page 116 de son ouvrage, une variété remarquable par ses tiges hérissées d'aiguillons nombreux, ainsi que par la longueur des divisions du limbe qui surpassent de beaucoup les pétales de la Rose, lesquels sont d'ailleurs d'un pourpre plus décidé, et d'une dimension beaucoup plus petite que ceux de notre Rosier. Il la nomme *Rosa pumila hispida*. C'est sa var. β.

Les racines du Rosier d'*Amour*, comme celles de la *Ronce bleue* (*Rubus cæsius*), tracent au loin, avec une grande rapidité, sur-tout dans les champs ensemencés: et, souvent, les drageons qui en résultent nuisent à l'action de la faulx du moissonneur: aussi les cultivateurs, en Allemagne, ont-ils grand soin de détruire l'arbrisseau; mais, malgré tous leurs efforts, il se reproduit sans cesse de ses racines souterraines. (Rau, *l. c.*)

Rosa Pumila. Rosier d'Amour.

P. J. Redouté pinx. Imprimerie de Rémond Bessin sculp.

ROSA CENTIFOLIA

Crenata. (Voyez tome 1, page 72, var. μ.)

R. (*Subrotundifolia crenata.*) Du P. Choix des Roses, p. 4. *Idem Gym. Ros.* in Thy. *Rosa* Cand. série 18, n° 17, p. 16.

R. (*Crenata*), ou Rosier crénelé. Dum. de Cours. Bot. cultiv. n° 21, var. 3.

Rosier à feuilles de chêne. Guerr. Alm. des Roses, p. 103.

LE ROSIER CENT-FEUILLES

(*à folioles crénelées.*)

DESCRIPTION.

C'est un arbrisseau assez touffu, qui s'élève à la hauteur de deux pieds ou environ. Ses tiges se divisent en rameaux nombreux, garnis de poils roides et glanduleux, entremêlés de petits aiguillons presque droits. Ces mêmes aiguillons se détachent promptement, de manière que les branches adultes en paraissent dépourvues. Les feuilles se composent de trois ou de cinq folioles rondes, ou à-peu-près, d'un vert obscur en dessus, plus pales en dessous, échancrées en cœur à leur base, profondément crénelées, chaque crénelure terminée par une petite pointe glanduleuse, et denticulée en ses bords. Le pétiole qui les supporte est tomenteux, dépourvu d'aiguillons. Les fleurs, tantôt solitaires, tantôt réunies par deux ou trois à l'extrémité des rameaux, semblables à celles de la cent-feuilles commune, mais plus petites, sont soutenues par des pédoncules couverts de poils visqueux, glanduleux, odorants. Le tube du calice est ovoïde et assez court : cet organe, ainsi que les divisions pinnatifides du limbe, sont aussi hérissés de poils. La corolle est composée de pétales nombreux, ceux du centre un peu roulés et chiffonnés. La Rose est odorante, mais moins que notre *Cent-feuilles* ordinaire.

OBSERVATIONS.

Le Rosier à folioles crénelées a été propagé par Du Pont qui l'a, dit-on, obtenu de semence : il est recherché à cause de la bizarrerie de ses feuilles; mais il a l'inconvénient de ne fleurir que très-rarement, en franc de pied. Les individus greffés donnent communément des fleurs, toutefois quand on s'abstient de les tailler; autrement, ils sont à-peu-près stériles, comme les autres. Ce Rosier est assez rare dans nos collections; mais on en voit de très-beaux pieds greffés, sur les terrasses du jardin-fleuriste du Roi, à Sèvres; ils y donnent, chaque année, des fleurs, quoiqu'en petite quantité. C'est dans ce magnifique établissement, où ces arbrisseaux sont dirigés avec tant de goût et d'habileté, où de si belles roses sont offertes à l'admiration des curieux, que nous avons pris notre modèle.

On cultive, dans les jardins, une sous-variété qui présente des folioles un peu plus allongées, que les pépiniéristes ont nommée *Rosier à feuilles de chêne*.

Rosa Centifolia crenata. Rosier Centfeuilles à folioles crenelées.

P. J. Redouté pinx. Imprimerie de Rémond Chapuy sculp.

ROSA MULTIFLORA

Carnea. (Voyez, ci-après, page 70, var. γ.)

LE ROSIER MULTIFLORE

(*à fleurs carnées.*)

DESCRIPTION.

Arbrisseau dont la tige se divise en longs rameaux grimpants, glabres, droits, d'une couleur rougeâtre, garnis d'aiguillons souvent géminés et stipulaires, quelquefois épars. Les feuilles se composent de cinq ou de sept folioles assez petites, ovales ou ovales-allongées, vertes et glabres en dessus, plus pâles et pubescentes en dessous, presque sessiles, molles au toucher, simplement dentées. Elles sont portées par un pétiole velu, muni de quelques petits aiguillons crochus, ayant à sa base deux stipules garnies, de chaque côté, de découpures profondes qu'on pourrait comparer aux dents d'un peigne. Les fleurs, petites, presque pleines, terminales, légèrement odorantes, naissent à l'extrémité des rameaux qui sortent des branches principales; elles présentent une panicule étalée, ramifiée, sur laquelle on compte un très-grand nombre de fleurs rapprochées entre elles. Les bractées propres à chaque pédicelle, sont incisées des deux côtés, comme les stipules des feuilles. Ces pédicelles, ainsi que le pédoncule commun, sont couverts d'un duvet semblable à celui que l'on remarque sur les pétioles. Les tubes des calices, de forme ovoïde, quelquefois un peu arrondis, sont pubescents. Les divisions du limbe, pointues au sommet, moins longues que les pétales, sont également pubescentes : trois d'entre elles sont pinnatifides, et les deux autres sont simples. Corolle de plusieurs rangs de pétales d'une couleur de rose pâle. Styles libres, velus, ceux du centre rapprochés en faisceau, et ceux de la circonférence divergents.

OBSERVATIONS.

Notre Rosier croît spontanément à la Chine, cette contrée délicieuse, où Flore règne sans rivale[1]; il en a été rapporté par l'honorable écuyer T. Evans, vers 1804, et a fleuri pour la première fois en Angleterre, dans la pépinière de MM. Colville. M. Boursault l'a ensuite fait venir de Londres à Paris en 1808; et ce n'est que quatre ans après, au mois d'août 1812, qu'il a donné ses fleurs dans le jardin de M. le docteur Cartier.

Les longs rameaux du multiflore se prêtent à toutes sortes de formes : on en garnit des berceaux et des tonnelles; on les dirige en guirlandes ou en pyramides; enfin, au moyen de soutiens et de treillages, on en palisse les murs à une très-grande hauteur. On doit observer que les individus greffés sont ceux qui réussissent le mieux; on sait que les francs-de-pied fleurissent plus difficilement, et sont, en général, languissants. On doit les garantir du froid par de bonnes couvertures; car M. De Launay fait remarquer, dans son bon jardinier, que les gelées des mois de novembre et décembre de l'année 1812 ont détruit par-tout, à Paris et dans les environs, les greffes et les francs-de-pied qu'on avait laissés en pleine terre. Nous renvoyons ci-après, p. 70, pour quelques préceptes relatifs à la taille de cet arbrisseau.

(1) China, that delightful region, where Flora reigns unrivalled. Andr. *Rosa multiflora.*

Rosa Multiflora carnea. *Rosier Multiflore à fleurs carnées.*

P. J. Redouté pinx. Imprimerie de Rémond Bessin sculp.

ROSA MULTIFLORA

Platyphylla. (Voyez ci-après, p. 70, var. δ.)

LE ROSIER MULTIFLORE

(*à grandes feuilles.*)

DESCRIPTION.

Les branches de cet arbrisseau sont susceptibles de s'élever à une grande hauteur, comme celles du R. *multiflora rosea* que nous avons décrit, et dont il ne diffère que par ses rameaux plus robustes, ses fleurs beaucoup plus larges, quoique peut-être un peu moins nombreuses, d'une belle couleur pourpre, et par ses folioles plus arrondies, trois ou quatre fois plus grandes que celles de tous les individus de l'espèce.

Cette magnifique variété, remarquable par son feuillage et le coloris de ses pétales, a été introduite en France par M. Noisette, chez lequel elle a fleuri au mois de septembre de l'année dernière (1819). Lui-même l'a découverte en 1817, dans le jardin d'un maraîcher des environs de Londres qui l'avait obtenue de graines reçues du Japon, et qui lui a cédé le pied tout entier. Jusqu'à-présent, elle n'a été cultivée qu'en terre de bruyère, dans une serre tempérée; mais tout porte à croire qu'on parviendra à l'acclimater.

Nomenclature des variétés du Rosier multiflore.

ROSA MULTIFLORA.

R. *Germinibus subovatis pedunculisque villosis inermibus; foliolis discoloribus, supra glabris, subtus pubescentibus; stipulis bracteisque pectinatim-subpartitis; caulibus scandentibus petiolisque aculeatis; pedunculis multifloris.* (N.)

α. R. *Multiflora flore simplici.* (N.)

Ce Rosier, que nous n'avons pas vu en fleurs, est ici noté d'après le témoignage de M. Noisette, qui nous a assuré l'avoir observé dans le jardin des apothicaires, à Londres. M. Anderson lui en a donné un pied qu'il a multiplié, et qu'on peut se procurer dans sa pépinière. Peut-être fleurirait-il au moyen de la greffe! Vulg. *Multiflore à fleurs simples.*

β. R. *Multiflora Thunbergiana.* (N.)

R. (*Multiflora*) *germinibus ovatis, pedunculisque inermibus villosis; caule petiolisque aculeatis.* Thunb. *fl. Jap.* p. 214. Poiret Ency. 6, p. 290, n° 22.

C'est le Rosier auquel Thunberg donne des fleurs blanches, qu'on n'a pas encore vues en Europe. Vulg. *Multiflore de* Thunberg; *Multiflore blanche.*

γ. R. *Multiflora carnea, floribus parvulis ex albo-roseis.* (N.) Red. *Roses.*

R. (*Multiflora.*) Andr. R. *cum* fig. Nouv. Duham. vol. 7, p. 28, fig. n° 17. Engl. bot. mag. tab. 992.

R. (*Florida*) *germinibus ovatis, pedunculis petiolisque pubescentibus; foliolis ovatis obtusis, subglabris obtuse-crenatis; pedunculis multifloris.* Poiret *l. c.* supp. p. 715. Curtis, Bot. mag. n° 1059.

Cette variété est commune dans les jardins; les Anglais la nomment *Rosier à fleurs de ronce* parce que la Rose ressemble à la fleur double de cette plante. On la connait en France sous les noms de *Multiflore carnée; Multiflore à bouquets.*

δ. R. *Multiflora platyphylla, foliolis subrotundis, floribus jucunde-purpureis.* (N.) Red. Roses, vol. 2, p. et fig. 69.

Les Rosiers multiflores ont été ainsi nommés à cause de l'abondance des fleurs que produisent ces arbrisseaux. Leur disposition en une panicule qui fléchit sous le poids de soixante et souvent de cent Roses, des stipules et des bractées pectinées, enfin des branches sarmenteuses, les feront aisément distinguer de tous les autres, sur-tout du *Rosa moschata*, dont ils paraîtraient se rapprocher; mais celui-ci diffère du R. *multiflora* par ses styles soudés, la disposition de ses fleurs, et d'autres caractères encore.

Toutes ces variétés se reproduisent avec la plus grande facilité par les boutures et les marcottes. On les greffe avec succès sur le Rosier sauvage; et, lorsqu'on peut insérer les yeux sur un sujet isolé, haut de huit à dix pieds, les longues branches, au lieu de s'élever, deviennent pendantes à la manière de celles du saule pleureur (*Salix Babylonica*), et produisent un effet très-pittoresque. Nous avons dit ailleurs que les Rosiers multiflores étaient susceptibles de périr par l'effet du froid : c'est pourquoi l'on doit se garder de les tailler au mois de février, comme cela se pratique pour la plupart des autres Rosiers. Il faut attendre que les gelées du printemps ne soient plus à craindre, pour faire cette opération, c'est-à-dire la fin d'avril: alors on supprimera le bois mort ainsi que les rameaux attaqués du noir; à l'égard des longues branches qui auront fourni, dans le courant de l'été, les petits rameaux feuillés et florifères, elles seront rabattues sur de bons yeux près de la tige, ou près du point de l'insertion des greffes, si l'on opère sur un sujet greffé. Quant aux rameaux verts qui seront restés stériles, on se gardera de les retrancher, car ceux-là seuls doivent produire des Roses en abondance l'été suivant : on se contentera d'en couper l'extrémité. Cette taille, qui nous est propre, est fondée sur l'observation que nous avons faite, que, dans ces rosiers, les branches qui ont donné des rameaux à fleurs n'en reproduisent presque jamais, et périssent ordinairement.

Rosa Multiflora platyphylla. Rosier Multiflore à grandes feuilles.

P. J. Redouté pinx. Imprimerie de Remond. Langlois sculp.

ROSA VILLOSA

Terebenthina. (Voyez vol. 2, p. 40, spec. 1, var. δ.)

R. *Germinibus globosis pedunculisque hispidis; foliolis (resinam terebenthinam redolentibus) glaucis, glutinosis, utrinque villosis, duplicato-serratis, serraturis ciliatis; caule aculeis subrectis.* (N.)

LE ROSIER VELU

(*à odeur de térébenthine.*)

DESCRIPTION.

Arbrisseau touffu, qui s'élève en buisson à la hauteur de quatre ou cinq pieds. Ses rameaux glabres sont armés d'aiguillons jaunâtres, presque droits, épars sur les branches adultes, et géminés sur les rameaux jeunes et florifères. Les feuilles se composent de cinq ou de sept folioles très-grandes, à-peu-près ovales, d'un verd obscur en dessus, glauques en dessous, profondément et inégalement dentées, couvertes sur les deux faces et sur leur bordure, de poils glanduleux et visqueux. Ces folioles, froissées dans les doigts, donnent une forte odeur de térébenthine. Elles sont portées par un pétiole velu, muni de quelques petits aiguillons recourbés et jaunâtres, ayant à sa base deux stipules élargies, décurrentes, denticulées, glanduleuses et velues. Les fleurs latérales et terminales, petites, presque inodores, tantôt solitaires, tantôt réunies par trois ou quatre en une espèce d'ombelle, sont supportées par des pédoncules courts, hérissés de poils roides et glanduleux : chaque pédicelle est muni de bractées pointues au sommet, élargies à la base. Le tube du calice, de forme presque ronde, est hérissé de pareils poils. Les divisions du limbe, prolongées en pointe, sont tantôt simples, tantôt munies de quelques pinnules. La corolle présente cinq pétales de couleur rouge, qui se dégrade en couleur blanchâtre vers la base : ils sont irrégulièrement échancrés au sommet, et souvent surmontés d'une petite pointe. Styles peu saillants, à stigmates agglomérés en une tête arrondie au centre de la fleur.

OBSERVATIONS.

Ce Rosier est très-remarquable par la grande dimension de ses folioles et leur odeur résineuse; il n'est pas encore très-commun; mais, quand il sera multiplié, il deviendra propre à orner les parcs et les jardins anglais. Nous l'avons observé chez MM. Noisette et Cels, et dans quelques jardins d'amateurs qui le confondent avec le Rosier qu'on nomme vulgairement *Muscade rouge* (R. *Evratina* Bosc. R. *villosa Evratina* Du P. *Cym. Ros.*); mais, si ce dernier Rosier a quelque rapport avec le nôtre, comme avec toutes les variétés du *Villosa,* par ses pédoncules et ses tubes hérissés, il en diffère par ses folioles, et par beaucoup d'autres caractères qui l'éloignent du R. *Villosa terebenthina.* Nous considérons, au reste, le R. *Evratina* comme une production anomale issue du R. *Alba* et du *Villosa,* dont il participe évidemment. On le dit naturel au sol de l'Amérique septentrionale ; cependant M. Nuttall n'en fait aucune mention dans sa nomenclature.

Le R. Villosa terebenthina ne réussit bien qu'à l'ombre et sous les grands arbres. Sa végétation est moins vigoureuse lorsqu'il est exposé au soleil.

Rosa Villosa Terebenthina. *Rosier Velu à odeur de Térébenthine.*

P. J. Redouté pinx. Imprimerie de Rémond Bessin sculp.

ROSA PARVIFLORA

(Var. *flore multiplici.*)

R. (*Parviflora*) *germinibus depresso-globosis, pedunculisque hispidis, petiolis pubescentibus subaculeatis, caule glabro, aculeis stipularibus rectis, foliolis ellipticis, floribus subgeminatis.* WILLD. *Arb.* 309. *Id. spec.* 1068. EHRH. *Betrei.* 4, p. 21. POIR. Ency. 6, p. 296. BOSC, Nouv. cours, vol. 11, p. 247. Nouv. DUHAM. vol. 7, p. 18. NUTT. north-Americ.[1] vol. 1, p. 308, spec. 2. *Non* R. *parviflora* ANDR. *Roses.*

R. (*Carolina.*) DU R. die harbk. 2, p. 355.

R. (*Pensylvanica.*) WANGENH. nord-Americ., p. 113.

R. (*Pensylvanica*) *flore pleno.* ANDR. R. *cum fig.*

R. (*humilis.*) MARSCH. *arbust. Americ.* 285.

LE ROSIER A PETITES FLEURS.

DESCRIPTION.

Petit arbrisseau, originaire de l'Amérique septentrionale, auquel on donne indifféremment, en Europe, dans nos pépinières, les noms de *Rosier de Caroline; Rosier Caroline du Roi; Rosier de Virginie; Rosier de Pensylvanie à fleurs doubles,* etc. Il

(1) The genera, of or north-American Plants, and a catalogue of the species, etc. By Thomas NUTTALL. Philadelphia, 1818, 2 vol. in-8°.

L'auteur s'est borné à donner une simple nomenclature des Rosiers indigènes de cette partie de l'Amérique. La voici, extraite textuellement de son ouvrage:

SPECIES. 1, R. *blanda.* 2, *parviflora.* 3, *nitida.* 4, *lucida.* 5, *gemella.* 6, *Lyonii.* 7, *setigera.* 8, *Carolina.* 9, *rubifolia.* Il ne reconnait que celles-ci pour être naturelles au sol. A l'égard des R. *lævigata* et *rubiginosa*, qu'on trouve encore dans ces contrées, il ne les considère que comme naturalisées.

s'élève en un buisson peu touffu, à la hauteur de deux pieds au plus. Ses rameaux, glabres et frêles, sont munis d'aiguillons stipulaires, longs, aigus, presque droits, et opposés : plusieurs autres sont épars le long des branches. Les feuilles sont composées de cinq folioles ovales, pointues à la base et au sommet, vertes et peu ou point luisantes en-dessus, plus pâles en-dessous. Le pétiole qui les supporte est pubescent en-dessus, et garni par-dessous de quelques petits aiguillons. A sa base sont deux stipules étroites, bifides, décurrentes, denticulées en leur bord. Les fleurs géminées, quelquefois ternées, naissent à l'extrémité des rameaux qui croissent sur les branches principales : elles sont soutenues par des pédoncules hérissés de glandes pédicellées. Le tube du calice d'une forme arrondie, un peu comprimé, et les longues divisions du limbe, sont couverts de pareils poils. Corolle de plusieurs rangs de pétales, d'une jolie couleur rose, plus pâle au centre qu'à la circonférence de la fleur.

Remarques particulières à ce Rosier.

Ce Rosier est une modification à fleurs doubles du *Rosa Carolina* de M. Bosc, dont il ne diffère que par ses tubes légèrement applatis, et ses pétioles un peu velus. Ces différences sont si peu importantes, qu'elles ne nous arrêteraient pas pour réunir au R. *Carolina*, non-seulement le *parviflora*, mais encore plusieurs autres Rosiers qui croissent dans l'Amérique septentrionale, et qu'on a présentés comme des espèces distinctes; toutefois la culture et la semence des graines de ces arbrisseaux ont produit tant d'intermédiaires, que, jusqu'à-présent, il nous a été impossible, dans beaucoup de cas, de distinguer nettement les espèces des variétés, et celles-ci des sous-variétés. Le temps et des observations suivies pourront seuls nous éclairer à cet égard.

Le R. *parviflora* a de grands rapports avec le R. *gemella* de Willdenow; cependant, dans celui-ci, les aiguillons ne sont pas stipulaires, mais infra-axillaires; les folioles sont plus allongées, et leurs nervures pubescentes.

Ce Rosier pousse de longues racines, qui s'étendent au loin et y produisent des rejetons destinés à remplacer le pied principal qui périt, ordinairement, après avoir langui quelques années. Il arrive qu'on retranche ces rejetons égarés, sans trop s'inquiéter de leur point de départ; et c'est ainsi que notre arbrisseau, autrefois très-commun, a disparu de presque tous les jardins. Pour le conserver, on doit chercher avec attention tous ces rejets, et les lever pour les planter ailleurs lorsqu'ils ont assez de chevelu pour assurer leur reprise. Le pied principal doit encore être relevé et changé de place. C'est le seul moyen de conserver en franc-de-pied cette jolie miniature.

Rosa parvi-flora. *Rosier à petites fleurs*

P. J. Redouté pinx. Imprimerie de Rémond Langlois sculp.

ROSA RUBIGINOSA

Flore semi-pleno. (Voyez vol. I, page 94, var. δ.)

R. (*Eglanteria fl. pleno*) *foliis odoratis; germinibus ovatis, pedunculisque hispidis; caule et petiolis aculeatis; aculeis magnis, recurvis; foliolis ovatis, subtus rubiginosis, glanduloso-pilosis.* ANDR. Mon. of the gen. Ros. *cum tab.*

R. *Rubiginosa.* Miss LAW. Tab. 56. DU P. *Gym. Ros. ut supra, sp.* 2, *var.* 8, *pag.* 14.

LE ROSIER ROUILLÉ

(*à fleurs semi-doubles.*)

DESCRIPTION.

Cet arbrisseau, connu dans nos pépinières sous le nom de Rosier *petite Hessoise*, s'élève à la hauteur de trois ou quatre pieds. Ses tiges, glabres et rameuses, sont armées d'aiguillons épars, recourbés, les uns longs, les autres petits. Les feuilles sont composées de cinq, rarement de sept folioles de moyenne grandeur, à-peu-près rondes, presque glabres en-dessus, couvertes par-dessous et en leurs bords de poils glanduleux et visqueux, souvent de couleur de rouille, et donnant, lorsqu'on les froisse entre les doigts, une odeur analogue à celle de la pomme de reinette. Elles sont portées par un pétiole velu, aiguillonné, muni à sa base de deux stipules bifides, assez larges, et par-tout glanduleuses comme le sont, en général, les parties foliacées du Rosier. Les fleurs, tantôt solitaires, tantôt réunies au nombre de trois ou de quatre, sont supportées par des pédoncules hérissés, ainsi que les tubes presque ovoïdes des calices, de longs poils spinuliformes, la plupart surmontés d'une petite glande. Les divisions pinnatifides du limbe sont couvertes de pareils poils à l'extérieur, et garnies d'un duvet blanchâtre à l'intérieur. Corolle de dix, quinze, et par-fois de vingt pétales échancrés au sommet, d'un rose tendre, un peu blanchâtres vers la base. Les fruits, d'un rouge-orangé, sont presque glabres à la maturité. Ils persistent long-temps.

Observations particulières à ce Rosier.

Les amateurs ont observé, pour la première fois, cette jolie variété du R. *rubiginosa*, dans le jardin du peintre de cet ouvrage, qui l'a obtenue de semis il y a quinze ans, et communiquée à nos pépiniéristes, qui l'ont répandue dans la France et dans l'étranger. Aussi est-elle aujourd'hui assez commune dans les collections. On connait une sous-variété, à folioles beaucoup plus larges et plus arrondies, et à fleurs nombreuses disposées en une espèce d'ombelle : c'est vraisemblablement une modification à fleurs semi-doubles du R. *rubiginosa Canadensis* de M. Poiret, ency. 6, p. 287.

Puisque nous avons eu l'occasion de nous occuper encore, dans cet ouvrage, du R. *rubiginosa*, nous rapporterons ici un fait qui concerne cet arbrisseau. Il se trouve consigné dans la Flore de Spa, par M. Le Jeune, t. 2, suppl. p. 315. Cet auteur, après avoir déploré la manie qui s'est introduite depuis quelques années, de créer une multitude d'espèces de Rosier prétendues nouvelles, fondées sur des caractères presque toujours fugitifs, s'est exprimé en ces termes. « Un fait, qui s'est présenté à moi dans ces dernières années, quoique « isolé, mais observé avec le plus grand soin et rapporté avec la plus exacte vérité, c'est « qu'un Rosier à cent feuilles (*Rosa centifolia* L.) ayant donné un cynorrhode rempli de « graines bien aoutées, je les semai dans un pot en l'automne de 1807, c'est-à-dire un peu « après la récolte. Au printemps de 1808, une seule graine leva, et produisit un Rosier qui « atteignit environ un décimètre de hauteur à la fin de l'été : je le livrai alors à la pleine terre, « où il s'éleva à environ un demi-mètre l'an 1809, et devint très-touffu et très-épineux ; « l'an 1810, il végéta encore assez, mais il ne fleurit pas encore; enfin, en 1811, il montra « des boutons qui s'épanouirent en juin, et donnèrent des Roses exactement semblables, « pour la forme et la couleur, au *Rosa rubiginosa* L. *Fl. de Spa*, Ire partie, p. 230, *avec tous « les autres caractères spécifiques pris de l'ensemble de cet arbrisseau...* »

Ce phénomène, très-remarquable, est digne de fixer l'attention des botanistes et des jardinistes : il serait à souhaiter qu'il devînt l'occasion d'expériences suivies sur les produits de la semence des graines du Rosier : peut-être leur résultat nous procurerait-il la connaissance exacte des véritable types, qu'on retrouve si rarement!

Rosa Rubiginosa flore semi-pleno. *Rosier Rouillé à fleurs semi-doubles*

P. J. Redouté pinx. Imprimerie de Rémond Chapuy sculp.

ROSA NOISETTIANA.[1]

R. *Germinibus ovatis pedunculisque villosulis; foliolis glabris simpliciter argute crenatis; petiolis glanduloso-subtomentosis, aculeatis; caule aculeis validis, subrectis; floribus paniculatis.* (N.)

LE ROSIER DE PHILIPPE NOISETTE.

DESCRIPTION.

Magnifique arbrisseau qui s'élève jusqu'à huit à dix pieds. Ses rameaux glabres sont armés d'aiguillons assez forts, un peu crochus, rougeâtres sur les branches florifères, et bruns sur les rameaux adultes. Les feuilles se composent de cinq à sept folioles ovales-pointues, rarement obtuses, glabres, vertes en-dessus, plus pâles en-dessous, simplement et finement crénelées : elles sont portées par des pétioles velus, munis de plusieurs petits aiguillons recourbés qui s'étendent, par-fois, jusque sur la nervure de la foliole impaire. A la base de ce pétiole sont deux stipules bifides, pointues au sommet, denticulées et glanduleuses en leur bord. Les fleurs, latérales et terminales,

(1) *Habitus.* Frutex magnitudine, circiter, 8 — 10 pedum. CAULES, robusti, aculeis sparsis armati. ACULEI validi, inæquales, subrecti. FOLIOLA, plerumque septenua, orbiculato-ovata, basi rotundata, apice partim acuta, partim obtusa, utrinque glabra. PETIOLI subpubescentes, aculeati. STIPULÆ lanceolatæ, acuminatæ, margine glandulosæ. FLORES terminales, corymbosi; corymbus bracteis suffultus. PEDUNCULI raro simplices, sæpius in pedicellos ternos divisi, bracteis ad basim cujusve ramificationis prædití. BRACTEÆ angustæ, mucronatæ. CALICIS TUBUS (oblongo-oviformis), pedunculi et pedicelli omnino villosuli. LACINIÆ CALYCINÆ mucrone lineari terminatæ, appendiculatæ, intus albo-tomentosæ, margine glandulis raris præditæ. COROLLA speciosa duplex, colore ex albo purpurascente, suavissime olens. PETALA obcordata. FRUCTUS ellipsoideus. Maturum non vidi. Nomen ex D. *Ph.* NOISETTE, Horti-cult. in America Boreali. (N.)

les premières écloses, plus grandes que celles du *Rosier Muscade*, les autres à-peu-près de la dimension des fleurs de ce dernier arbrisseau, répandent une odeur très-suave. Elles naissent rarement solitaires, plus souvent trois ou six ensemble, à l'extrémité des rameaux où elles se réunissent en une espèce de panicule souvent composée d'une telle quantité de fleurs, qu'on en a compté jusqu'à cent-trente, lesquelles se développent successivement, et très-bien. Les tubes ovoïdes des calices, les pédicelles allongés qui les soutiennent, et les pédoncules communs, sont couverts d'une espèce de duvet court et serré. Les divisions du limbe, deux entières, et trois munies de quelques pinnules simples, sont pointues au sommet, cotonneuses à l'intérieur, et garnies en leur bordure de quelques petites glandes sessiles. La corolle est composée de sept à huit rangs de pétales, d'un blanc lavé de rose, un peu jaunes vers l'onglet, irrégulièrement échancrés au sommet. Styles libres, à stigmates un peu rougeâtres.

Observations particulières à ce Rosier.

Ce bel arbrisseau est un produit de la culture de M. *Philippe* NOISETTE, l'un des plus habiles pépiniéristes de l'Amérique septentrionale; c'est pourquoi les amateurs, dans ces contrées, se sont empressés de lui donner son nom, comme un juste tribut de leur reconnaissance. M. *Louis* NOISETTE, son frère, pépiniériste à Paris, s'occupe de le propager en France; et c'est dans sa rare collection (où il a fleuri en 1818) que nous avons pris notre modèle.

Le Rosier de *Ph.* NOISETTE est, selon nous, hybride du Rosier *Muscade* et du Rosier *des Indes*, dont il participe évidemment par le feuillage, la disposition des fleurs, l'époque de la floraison, etc. Cependant, le premier s'en éloigne par ses styles soudés, comme par ses fleurs absolument blanches et plus petites; et le second, par la déflexion des lanières du calice avant l'épanouissement, ses étamines longues et contournées se renversant sur les styles, enfin par le don qu'il a reçu de donner continuellement des fleurs. La semence des graines nous apprendra, par la suite, s'il doit se reproduire sous les mêmes formes, et constituer une espèce nouvelle. Quoi qu'il en soit, notre Rosier étale ses fleurs au mois de juillet, et elles se succèdent sans interruption et avec abondance jusqu'aux gelées, auxquelles un jeune pied, livré à la pleine terre dans notre jardin, a résisté cette année (1820), quoique nous n'ayons pris que la simple précaution de le faire couvrir de feuilles. Quand il sera acclimaté, il fera l'ornement de nos parterres, avec d'autant plus de raison, que le parfum de ses fleurs est aussi agréable que celui de nos *Cent-feuilles*, quoique d'une autre nature.

Rosa Noisettiana. *Rosier de Philippe Noisette.*

P. J. Redouté pinx. Imprimerie de Rémond Langlois sculp.

ROSA INDICA SUBALBA.

(Voyez vol. 2 de cet ouvrage, page 38, var. c.)

LE ROSIER DU BENGALE,

(*Variété à fleurs blanches.*)

DESCRIPTION.

Les amateurs doivent cette jolie variété du R. *Indica* à M. Cels, qui l'a obtenue de semence en 1804 : elle était alors connue sous le nom de *Bengale de* Cels; mais depuis, on l'a nommée *Bengale à fleurs blanches,* parce qu'on confondait avec elle le Rosier de Cels, figuré dans cet ouvrage.

L'arbrisseau s'élève à un pied et demi, ou environ. Les branches supérieures sont généralement glabres, mais celles du bas sont armées de quelques aiguillons épars, un peu recourbés. Les feuilles se composent de trois, cinq, et quelquefois de sept folioles ovales, pointues à la base et au sommet, vertes et glabres en-dessus, plus pâles en-dessous. Le pétiole qui les supporte, muni de quelques petits aiguillons crochus et jaunâtres, est garni, à sa base, de stipules longues, étroites, très-aiguës au sommet, finement denticulées en leur bord. Les fleurs, latérales et terminales, sont tantôt solitaires, tantôt disposées par trois ou quatre à l'extrémité des rameaux, où elles se réunissent quelquefois en une espèce d'ombelle. Les tubes des calices, ovoïdes-allongés, sont glabres, ainsi que les longs pédoncules qui les supportent. Chacun de ces pédoncules est muni de très-petites bractées ovales et terminées par une pointe.

Les divisions du limbe sont entières, ou, rarement, accompagnées d'une ou deux petites pinnules simples. Corolle de trois à six rangs de pétales, irrégulièrement échancrés au sommet, d'abord d'un rose très-pâle, et ensuite d'un blanc plus ou moins pur. Ces pétales sont par-fois, en finissant, maculés de petites taches rougeâtres. Les étamines et les styles ressemblent, en tout, à ceux de l'espèce primitive.

OBSERVATIONS.

Notre arbrisseau est, en général, frêle et délicat : il ne résiste pas aux fortes gelées, et celles du mois de janvier 1820 ont fait périr une bonne partie des pieds qu'on a laissés dans les jardins à Paris et dans les environs. Les sujets qu'on cultive dans des pots et que l'on rentre dans l'orangerie, l'hiver, réussissent assez bien : mais ceux qu'on livre à la pleine terre sont languissants et demandent, pour fleurir, à être rabattus, chaque année, à un pouce près des racines. Il faut encore les changer de place tous les deux ans, et les replanter dans un terrain mélangé de terre et de terreau, et mieux encore dans une plate-bande de terre de bruyère : mais il est préférable de les élever en pots et de les rentrer l'hiver.

Rosa Indica subalba — Rosier du Bengale à fleurs blanchâtres

P. J. Redouté pinx. — Imprimerie de Rémond — Lemaire sculp.

ROSA NIVEA.[1]

R. *Calycum tubis ovatis subhispidis, pedunculo glabriusculo foliis breviore, solitario, foliolis* 3, *rarius* 5, *lanceolatis lucidis perennantibus, subtus petiolisque aculeatis, foliis in apice ramulorum sub flore congestis.* DC. *Cat. hort. monsp.* 137, n° 181. [2]

R. *Macartnea.* Dum.-de-Cours. Bot. Cultiv. ed. 1, vol. 3, p. 351? *Non* ed. 2.

R. *Trifoliata hortul.*

LE ROSIER BLANC DE NEIGE.

DESCRIPTION.

Racines rameuses, ligneuses, un peu traçantes sous terre.

Tiges un peu dressées, disposées en touffe lâche, rameuses, sans aiguillons, s'élevant à peine à deux pieds (3), divisées en branches glabres, nombreuses, garnies d'un petit nombre d'aiguillons épars, grisâtres, comprimés et dilatés en long à leur base, amincis, crochus, et aigus à leur sommet.

Feuilles nombreuses, sur-tout sous les fleurs, vers le sommet des rameaux, parfaitement glabres, luisantes, d'un vert gai, composées de trois, rarement de cinq folioles.

Stipules étroites, presque linéaires, bordées de dents en scie, légèrement glanduleuses.

Pétiole demi-cylindrique, muni, en-dessous, de un à quatre aiguillons courts et à-peu-près droits.

Folioles partant toutes trois du sommet lorsqu'il n'y en a que trois, disposées à la maniere des feuilles pennées lorsqu'il y en a cinq, ovales-lancéolées, simplement dentées en scie, munies, en-dessous, de quelques aiguillons droits sur la côte moyenne, portées sur un pétiolule très-court dans les folioles latérales, un peu plus long dans celles du sommet.

Pédoncules solitaires au sommet de petites branches feuillées, latérales ou rarement terminales, ne portant jamais qu'une seule fleur, un peu plus courts que les feuilles qui

(1) Cet article a été entièrement rédigé par M. De Candolle. Les notes seules appartiennent à l'éditeur.

(2) R. *Nivea*, Poiret, Ency. Supp. au tome IV, 2e partie, p. 713, n° 54. *An.* R. *Ternata*, Ency. vol. 6, n° 11? ex Poir. *l. c.*

R. (*Lævigata*), *glaberrima, subgeminatim aculeata; foliolis* 3 — 5, *foliatis, subenervüs; stipulis angustis, mucronibus subulatis; calyce ovato promisse hispidissimo; lacyniis integris.* Michx. *Fl. Bor. Amer.* vol. 1, p. 295. Nutt. *North-Amer.* vol. 1, p. 308, n° 10.

(3) Dans le climat de Paris, l'arbrisseau, même en pleine terre, monte à plus de dix pieds. En 1807, il couvrait un berceau du jardin de M. Boursault, à Yerres : il y a fleuri cette même année. Dans l'été de 1818, il s'est élevé à quinze pieds, au moins, dans la serre tempérée de M. Redouté, à Fleuri; mais il n'a jamais montré ses Roses.

les avoisinent, cylindriques, nus à leur base, hérissés, dans leur partie supérieure, de quelques soies droites, un peu roides, glanduleuses à leur sommet.

Fleurs grandes, solitaires, inodores, d'un blanc de neige, de trois pouces de diamètre : boutons blancs ovales-pointus.

Calice. Tube ovale hérissé de soies semblables à celles du sommet du pédoncule ; lanières lancéolées, linéaires, glabres, parfaitement entières, longues de près d'un pouce.

Pétales arrondis, très-ouverts, un peu crénelés sur les bords, atteignant, environ, quinze lignes de diamètre, caducs, remarquables par leur extrême blancheur.

Étamines au nombre d'environ cent ; filets en forme de fil, un peu jaunâtres, plus courts vers le centre, plus longs vers les bords, trois ou quatre fois plus courts que les pétales ; anthères jaunes, ovales-applaties, un peu échancrées aux deux extrémités, crépues et un peu rousses après la fécondation.

Pistils. Ovaires nombreux renfermés dans le tube du calice, prolongés en styles grêles, velus, qui sortent tous par l'orifice sans adhérer ensemble : chacun d'eux se termine par un stigmate arrondi ; tous les stigmates, serrés les uns contre les autres, forment au centre de la fleur un mamelon compacte et hémisphérique.

Fruits probablement ovales, mais ne mûrissant pas dans nos jardins. Graines...

HISTOIRE.

Cette belle espèce est, très-probablement, originaire de la Chine, ou des pays voisins (1), et paraît avoir été introduite en Europe par lord Macartney, ou, du moins, à-peu-près à la même époque. Elle supporte bien la pleine terre sous le climat de Montpellier : elle fleurit du milieu à la fin de mai, avant la *Rosa bracteata*. Les francs-de-pied poussent des drageons, au moyen desquels on la multiplie. Elle se greffe, comme la Rose du Bengale, sur des espèces communes, mais n'y réussit pas si bien. Elle aime un terrain meuble et un peu humecté : son feuillage jaunit lorsqu'elle est trop à l'humidité ou trop au sec. Elle a donné, jusqu'ici, des fleurs constamment simples : si l'on parvenait à les faire doubler, cette espèce serait l'une des plus belles de nos jardins, par l'éclatante blancheur de ses fleurs et la beauté de sa verdure.

OBSERVATIONS.

M. Dumont-de-Courset paraît avoir confondu cette espèce avec le *Rosa bracteata* dans son Bot. Cultiv. ed. 1, vol. 3, p. 351 : le R. *nivea* diffère de ce dernier Rosier par ses feuilles, à trois, rarement à cinq folioles ; par ses rameaux glabres et non velus ; par ses pédoncules ; par ses pétales arrondis, et non échancrés en cœur au sommet, etc.

Notre espèce est encore considérée, par quelques personnes, comme étant le R. *Sinica* L. Mais elle s'en éloigne par ses tubes ovales et non globuleux, hérissés et non glabres, enfin par la forme de ses lanières calicinales, qui est différente : au reste, si c'est notre *R. nivea* que les auteurs ont voulu désigner sous le nom de *R. Sinica*, leur description serait bien inexacte, et, dans ce doute, j'ai préféré l'indiquer sous un nom nouveau qui ne soit pas si facile à confondre avec celui du *R. Chinensis*. Je n'ai pas admis celui de *R. trifoliata* que lui donnent plusieurs jardiniers, parce que ses feuilles ont quelquefois quatre ou cinq folioles.

De Candolle.

(1) Cette plante est naturelle au sol de la Nouvelle-Géorgie, dans l'Amérique, où Michaux l'a recueillie. On la trouve, en effet, au Jardin du Roi, sous le nom de R. *Lævigata*, dans l'herbier rapporté par ce célèbre voyageur. M. Nuttall l'a signalée depuis.

Rosa Nivea. Rosier blanc de Neige.

P. J. Redouté pinx. Imprimerie de Rémond Langlois sc.

ROSA GEMINATA.

R. *calycis tubo oviformi basi pedunculisque glanduloso-hispidis; foliolis orbiculato-ovalibus, subtus pubescentibus, concoloribus, subsimpliciter serratis; petiolis pubescentibus glanduloso-hispidis; ramulis floriferis superne petiolisque dense aculeatis.* Rau, *En. Ros.* p. 98. *Ibid. Addenda*, p. 169.

R. (*Alba*) var. ß. Red. Roses, vol. 1, p. 98. Zwillingsrosa, *Germ.*

LE ROSIER A FLEURS GEMINÉES.

DESCRIPTION.

Cet arbrisseau a tout le port du Rosier de *Van-Eeden*, dont nous avons donné la figure, c'est-à-dire que, comme celui-ci, ses branches, d'abord droites et assez élevées, se couchent sur la terre, et végètent à la manière de l'*Arvensis* de nos forêts, mais sans s'étendre aussi loin, et sans se rattacher au sol par de nouvelles racines. Ses rameaux sont armés d'aiguillons épars, d'inégale grandeur, les uns droits, les autres recourbés. Les folioles au nombre de trois, cinq ou sept, ovales-arrondies, en général simplement dentées (les dents par-fois glanduleuses), sont glabres en-dessus, et pubescentes en-dessous: elles sont portées par un pétiole velu, muni de glandes et de petits aiguillons recourbés, ayant à sa base deux stipules lancéolées, pointues au sommet, denticulées et glanduleuses en leur bord. Les fleurs latérales ou terminales, quelquefois solitaires, plus souvent disposées par deux ou par trois à l'extrémité des rameaux, sont supportées par des pédoncules longs, roides, rapprochés entre eux, couverts de poils glanduleux. Le tube du calice est tantôt brusquement arrondi à sa base, tantôt, et sur le même pied, il est renflé au milieu, et aminci aux deux extrémités; de sorte que, pour sa forme, il semblerait tenir le milieu entre le tube du calice du R. *alba,* et celui du *damascena:* cet organe est, d'ailleurs, muni à sa base de quelques poils entremêlés de glandes sessiles. Les divisions du limbe, appendiculées, sont aussi couvertes de glandes pédicellées, d'une couleur purpurine. La corolle se compose de cinq grands pétales d'un blanc satiné, légèrement teints d'un rose-tendre au sommet, échancrés en cœur, d'une consistance très-molle, et un peu plissés à la manière des pétales du *Papaver-rheas*. Le bouton est blanc, et quelquefois d'un rose-pâle au sommet avant l'épanouissement. Les styles, de la longueur des étamines, sont distincts, et velus à leur base. Fruits petits, par rapport à la grandeur de la corolle, renflés à la base et amincis au sommet.

OBSERVATIONS.

Le Rosier à fleurs géminées croît, en Allemagne, dans les terres labourées, avec le R. *pumila*. M. le professeur RAU, qui a bien voulu nous l'envoyer, l'a trouvé sur la montagne de Schwabenberg, près Kirtzingen à cinq lieues de Wursbourg. On le voit encore, aux environs de cette dernière ville, dans les parties argilleuses du mont Hexenbruch : sa fleur peut passer, parmi les simples, pour une des plus belles du genre. Il paraît que le tube du calice est sujet à varier, et qu'on l'a quelquefois trouvé couvert de poils glanduleux. Nous l'avons précédemment rangé dans la série des Rosiers blancs, en nous étayant de la forme des tubes et des fruits, ainsi que des folioles presque rondes, glabres en-dessus, velues en-dessous et simplement dentées, caractères propres au R. *alba*. Mais nous devons dire que M. RAU, dans sa correspondance, nous conteste cette réunion, et persiste à considérer le R. *Geminata* comme une espèce distincte.

Rosa geminata — *Rosier à fleurs géminées.*

P. J. Redouté pinx. — Imprimerie de Remond — Chapuy sculp.

ROSA DUMETORUM.

R. *ramis glabris; aculeis infra folia geminatis, validis, uncinatis: foliis pubescentibus; petiolo minute passim aculeato; foliolis suborbiculato-ovalibus* 5–7; *fructibus globosis pedunculisque glabris.* TH. Fl. de Paris, éd. 2, p. 250. DC. Fl. franç. éd. 3, vol. 6, p. 554. AIT. *Hort. Kew.* epit. of the 2e ed. *add.* p. 373. SMITH, Engl. Bot. *Tab.* 2579. RAU, *En. Ros.* p. 85.

R. (*Canina*) var. δ. POIR. Ency. 6, p. 288.

R. (*Canina*) var. γ. DC. *l. c.* vol. 4, 3716.

R. (*Canina*) var. B. BAST. Fl. M. et L. p. 189.

R. (*Arvensis.*) WIBEL, Fl. *Werth.* p. 263.

R. (*Collina.*) WALLR. *Ann. bot.* p. 67. *Exclusis synoymis plerisque.* (Ex RAU, *l. c.*)

R. (*Collina dumetorum.*) RED. Roses, vol. 2, p. 14, var. ζ.

LE ROSIER DES BUISSONS.

DESCRIPTION.

Arbrisseau assez commun dans les bois et dans les haies aux environs de Paris. On le trouve aussi dans les contrées septentrionales de l'Europe. Il s'élève, en un buisson rameux, à la hauteur de trois, de quatre, et souvent de six pieds. Ses rameaux, absolument glabres, sont armés d'aiguillons crochus, quelques-uns épars, mais presque toujours disposés deux par deux près des stipules. Les feuilles se composent de cinq, plus rarement de sept folioles ovales-arrondies, vertes et glabres en-dessus, plus pâles et tomenteuses en-dessous, en général simplement dentées, mais parfois munies de dents inégales au sommet : ces folioles sont un peu fermes au toucher, et leurs nervures saillantes et presque parallèles; elles sont portées par des pétioles aiguillonnés, ayant à leur base des stipules velues, très-entières, pointues au sommet, denticulées en leur bord. Les fleurs sont disposées par trois ou cinq à l'extrémité des rameaux qui croissent le long des branches principales, où elles se réunissent en un corymbe court et serré. Les pédicelles et les ovaires sont glabres, et les divisions calycinales pinnatifides. La corolle présente cinq pétales d'un rose très-tendre, échancrés en cœur au sommet. La fleur est petite, eu égard à la hauteur et à la vigueur de l'arbrisseau. Le fruit est sphérique, et d'un rouge-vif à la maturité.

OBSERVATIONS.

Ce Rosier, tout en conservant ses caractères, varie dans ses dimensions, suivant les sites, la nature du terrain, et les expositions. Ses folioles sont tantôt petites ou moyennes, comme dans l'individu dont nous présentons la figure; tantôt, elles sont très-grandes, même allongées et terminées en pointe. Les aiguillons sont aussi, dans plusieurs Rosiers, peu ou point élargis à leur base, et c'est cette dernière circonstance qui a déterminé M. De Candolle à constater une variété sous le nom de R. *dumetorum litigiosa*. Quant à nous, nous y avons retrouvé, dans leur entier, les caractères du R. *collina* de DC. (*non* Jacquin), et nous avons cru pouvoir le placer dans la série des variétés de ce Rosier, dont il nous paraît impossible de le séparer, à cause de ses folioles constamment velues en-dessous. (Voyez notre ouvrage, *l. c.*)

Rosa Dumetorum. Rosier des Buissons.

P. J. Redouté pinx. Imprimerie de Rémond. Chapuy sculp.

ROSA TOMENTOSA

Flore multiplici. (Voyez tome 2, page 40. *sp.* 3, var. β.)

LE ROSIER COTONNEUX,

(*Variété à fleurs doubles.*)

DESCRIPTION.

Cet arbrisseau fait partie du groupe des Rosiers à feuilles velues sur les deux faces (R. *villosæ*, *l. c.* p. 39). Il s'élève, en buisson, à la hauteur de quatre ou cinq pieds. Ses branches sont armées de forts aiguillons grisâtres, presque droits, dilatés à leur base, épars, et parfois disposés deux par deux près des stipules des feuilles. Ses folioles, au nombre de cinq, rarement de sept, grandes, velues des deux côtés, doublement dentées, sont portées par un pétiole aussi velu, et garni de quelques petits aiguillons crochus. A la base de ce pétiole sont deux stipules larges, bifides, pointues et quelquefois foliacées au sommet, denticulées en leur bord. Les fleurs, rarement solitaires, plus souvent disposées par trois, naissent à l'extrémité des rameaux : elles sont supportées par des pédoncules hérissés d'un grand nombre de poils fermes, terminés par des glandes. Le tube du calice, de forme ovoïde, est entièrement couvert de pareils poils. A la base de ceux des pédoncules qui se trouvent chargés de trois fleurs, sont deux bractées ovales-pointues, un peu foliacées au sommet. Chaque pédicelle est muni de bractées qui lui sont propres; mais celui du milieu, toujours plus court que les deux autres, en est privé, par les motifs que nous avons déja exposés plusieurs fois. La corolle se compose de quatre à cinq rangs de pétales, d'un rose-tendre, très-agréable à l'œil, irrégulièrement échancrés au sommet, un peu jaunes vers l'onglet. Les divisions du limbe, allongées, souvent entières, quelquefois garnies de petites pinnules simples, sont cotonneuses à l'intérieur, et couvertes, extérieurement, de poils glanduleux. Fruit gros, un peu renflé vers le milieu, rouge à la maturité, mais ayant alors perdu une grande partie des aspérités qui le couvraient avant cette époque.

OBSERVATIONS.

Ce Rosier est assez commun dans les jardins, où on le confond souvent avec le Rosier velu à fleurs doubles; cependant celui-ci en diffère par ses tiges plus élancées et beaucoup plus élevées, les tubes de ses calices globuleux, et ses pétales d'un rose plus foncé. Il est vraisemblable que notre Rosier est un produit de la semence des graines du R. *tomentosa* de nos forêts, et, à la vue de notre dessin, on s'appercevra aisément que la culture, en multipliant les pétales, a considérablement augmenté le volume de la fleur, comme de toutes les parties foliacées de l'arbrisseau. Cultivé à l'ombre et dans un terrain frais, ce Rosier donne, au commencement de l'été, une multitude de fleurs d'une odeur faible, mais très-agréable.

M. le professeur Rau a cru retrouver le type de tous les individus qui concourent à former le groupe des *villosæ,* dans le R. *rubiginosa* et ses variétés. Selon ce savant, il n'existe de différence qu'en raison des proportions qui sont plus grandes dans les *villosæ,* et plus petites dans les *rubiginosæ.*

Rosa Cinnamomea. *Rosier Cannelle.*

P. J. Redouté pinx. [illegible] [illegible] sculp.

ROSA MOLLISSIMA

(*Flore submultiplici.*)

R. *Germinibus subglobosis glabris; pedunculis hispidis; caule petiolisque aculeatis, foliis tomentosis.* Willd. *Prod. Fl. Ber.* n° 1237.

R. *Mollissima germinibus subglobosis, pedunculis hispidis, caule petiolisque aculeatis; foliis utrinque villoso-sericeis mollissimis.* Gm. *Bad.* 2, p. 409. Borkh. *Forstb.* 2, 1314.

R. *Villosa mollissima.* Roth. *Germ.* 2, p. 556. Willd. *spec.* 2, 1070. Rau, *En.* p. 154. var. β.

R. *Dubia.* Wibel, *Fl. Verth.* p. 265, et *add.* p. 350.

Voyez, de plus, ce volume, p. 40.

LE ROSIER A FEUILLES MOLLES,

(*variété à fleurs doubles.*)

DESCRIPTION.

Rosier qui appartient au groupe des Rosiers à feuilles velues (*villosæ*); il s'élève à quatre pieds, ou environ. Ses branches sont armées d'aiguillons épars et presque droits, semblables, à-peu-près, à ceux du *Villosa* de nos forêts. Ses feuilles sont composées de sept folioles, ovales-arrondies, velues, tellement molles au toucher, qu'elles produisent, sous les doigts, l'effet que ferait un morceau de drap très-fin. Elles sont portées par des pétioles velus, munis de très-petits aiguillons recourbés. Les fleurs, latérales et terminales, sont disposées par deux ou trois à l'extrémité des rameaux. Les pédoncules qui les soutiennent sont hérissés de pointes glanduleuses. Le tube du calice, presque globuleux, est glabre en général; mais aussi, on remarque quelquefois, sur tout ou partie de cet organe, des poils roides pareils à ceux du pédoncule. Les divisions du limbe sont pinnatifides, spatulées, quelquefois foliacées au sommet, velues et molles comme le sont les folioles. La corolle est composée de quatre rangs de pétales d'une nuance, à-peu-près, carmin adoucie de blanc, au reste difficile à définir, en ce qu'elle n'a aucune analogie avec celles que l'on remarque ordinairement dans les fleurs de ces arbrisseaux. Le fruit est oblong, presque toujours glabre, mais quelquefois hérissé sur le même arbrisseau.

OBSERVATIONS.

Ce Rosier, dont Willedenow a d'abord fait une espèce, ne diffère du *villosa* que par ses tubes ordinairement nus, et par ses folioles comme drapées, c'est-à-dire couvertes d'un plus grand nombre de poils mous, couchés et très-rapprochés: mais ces derniers caractères et la couleur des pétales, sont les seuls qui l'éloignent du *villosa;* aussi ce botaniste qui, sans doute, avait remarqué ces accidents depuis la publication de son *Prodromus,* l'a-t-il donné dans son *Species* comme variété β du *villosa.* Au surplus, le Rosier dont nous offrons la figure sera toujours recherché dans les jardins d'agrément, par rapport à la belle et singulière couleur de ses pétales. Il fleurit au premier printemps, et se plait à l'exposition du midi. On doit éviter de le tailler; il suffit de le débarrasser du bois mort.

Rosa mollissima. *Rosier à feuilles molles.*

P. J. Redouté pinx. Imprimerie de Rémond Victor sculp.

ROSA GALLICA

(*cærulea.*)

Voyez cet ouvrage, tome 1, page 76, var. α.

LE ROSIER DE PROVINS

(*à feuilles bleuâtres.*)

DESCRIPTION.

Arbrisseau qui s'élève, en buisson, à la hauteur de deux pieds, ou un peu plus. Ses branches sont armées d'aiguillons inégaux, rougeâtres, et presque droits. Les feuilles se composent de sept folioles oblongues, pointues au sommet, fermes au toucher, finement dentées, d'un vert glauque tirant sur la couleur bleue. Elles sont portées par un pétiole légèrement velu, un peu glanduleux, muni de quelques petits aiguillons jaunâtres, ayant à sa base des stipules bifides glanduleuses en leur bord. Les fleurs sont tantôt solitaires, tantôt disposées par deux ou trois à l'extrémité des rameaux. Le pédoncule qui les supporte, ainsi que le tube presque ovoïde du calice, sont recouverts de petites glandes sessiles. Les divisions du limbe, trois pinnatifides et deux simples, sont cotonneuses à l'intérieur, et couvertes, extérieurement, de pareilles glandes. Corolle de sept à huit rangs de pétales, d'un rouge-clair, panaché de plusieurs taches rapprochées et d'une teinte plus foncée. Le surplus de l'arbuste est semblable à tous les *Gallica* que l'on connait.

OBSERVATIONS.

Cette modification du Rosier de Provins a été obtenue, il y a quelques années, de semences faites dans le jardin du peintre de cet ouvrage, à Fleury. L'arbrisseau est très-remarquable par ses folioles presque bleues. On le rencontre rarement franc de pied, mais on en trouve de très-beaux individus greffés dans la collection de M. Boursault, à Paris. Nous l'avons aussi vu dans le jardin fleuriste du Roi, à Sèvres : toutefois, il n'est pas commun. On le cultive comme tous les *Provins;* mais celui-ci demande l'exposition du midi. Ainsi placé, les incidences des rayons du soleil contribuent à faire ressortir encore la couleur bleue de ses folioles.

Rosa Gallica caerulea — *Rosier de Provins à feuilles bleuâtres.*

P. J. Redouté pinx.

ROSA INERMIS.

R. *germinibus turbinatis; foliolis glabris subtus glaucescentibus; petiolis hirsuto-glandulosis, scabris, infra subaculeatis; caule inermi.* (**N.**)

Voyez ce volume, page 8, *sp.* 3, groupe des *turbinatæ.*

LE ROSIER SANS ÉPINES.

DESCRIPTION.

Cet arbrisseau est l'un de ceux qui montrent, des premiers, leurs fleurs dans nos jardins. Il s'élève en un buisson très-touffu à la hauteur de quatre ou cinq pieds. Ses branches, lisses et verdâtres, sont absolument dépourvues d'aiguillons. Ses feuilles, de moyenne largeur, se composent de sept à neuf folioles vertes, plus pâles en-dessous, glabres sur les deux faces, inégalement dentées, de forme elliptique. Elles sont portées par un pétiole légèrement rude au toucher, muni de quelques petits aiguillons, ayant à sa base deux stipules bifides, un peu dentées, glanduleuses en leur bord, dilatées, et non repliées sur elles-mêmes, comme celles de notre *Rosa Hudsoniana*, avec lequel on pourrait le confondre, parce que celui-ci est également sans aiguillons. Les fleurs, presque toujours solitaires, sont disposées à l'extrémité des ramuscules qui croissent le long des branches principales. Elles sont supportées par des pédoncules allongés et couverts de poils roides, surmontés de glandes. Le tube du calice, de forme turbinée, est couvert de pareils poils, sur sa partie inférieure seulement. Les divisions du limbe, trois pinnatifides et deux simples, sont plus longues que la fleur dans son parfait épanouissement, ciliées en leur bord, et cotonneuses à l'intérieur. Corolle de sept à huit rangs de pétales couleur de rose-tendre, large de deux pouces ou deux pouces et demi, légèrement odorante. Styles libres, et stigmates distincts.

OBSERVATIONS.

Ce Rosier est très-commun dans tous les jardins : il faisait partie de la collection de Du Pont, qui l'avait nommé *Rosa chinensis*, et paraissait persuadé qu'il était originaire de l'Inde. Mais, au simple examen, nous avons reconnu, dans cet individu, le R. *turbinata* de Villars, l'*Alpina multiplex* de Degrasse (Bon Jard.), enfin l'*Alpina turbinata* de M. Desvaux. Ce n'est donc qu'un Rosier originaire de la Suisse, qu'on trouve dans les Alpes, et ailleurs, que Delaunay a désigné sous le nom de *Rosa inermis*. Cependant on y retrouve la forme des tubes des calices et les accidents variés qui distinguent le groupe des *turbinatæ*, dans lequel nous avons précédemment placé cet arbrisseau.

Le *Rosier sans épines*, ou mieux le *Rosier turbiné sans aiguillons*, fleurit au commencement de mai : il n'exige aucune culture, et tous les terrains lui conviennent. Il pousse vigoureusement, même à l'ombre. On ne doit le cultiver qu'en franc de pied : greffé sur Rosier sauvage, il produit un effet assez désagréable, attendu que les dernières fleurs avortent, comme dans tous les Rosiers turbinés.

Rosa Inermis. *Rosier Turbiné sans épines.*

P. J. Redouté pinx. Imprimerie de Rémond Lemaire sculp.

ROSA CAMPANULATA

(*Flore albo.*)

Voyez ce volume, page 8, *spec.* 5, groupe des *turbinatæ*.

LE ROSIER CAMPANULÉ

(*à fleurs blanches.*)

DESCRIPTION.

Il s'élève en buisson à la hauteur de deux pieds, ou environ. Ses rameaux sont armés d'aiguillons presque droits sur les branches florifères, et un peu courbés sur la tige principale. Ses feuilles se composent de sept et souvent de neuf folioles d'un vert glauque en-dessus, plus pâle en-dessous, glabres, ovales et simplement dentées. Elles sont portées par des pétioles légèrement velus, garnis de très-petits aiguillons jaunâtres, ayant à leur base des stipules étroites, bifides et pointues au sommet. Les fleurs sont tantôt solitaires, tantôt disposées par deux ou trois à l'extrémité des rameaux. Les pédoncules qui les supportent sont longs, couverts d'un grand nombre de poils roides et glanduleux. Le tube du calice, évasé au sommet et pointu à la base, offre à-peu-près la forme d'une campanule: il est glabre à sa partie supérieure, et couvert, inférieurement, de poils pareils à ceux du pédoncule. Les divisions du limbe, parfois entières, parfois munies de quelques pinnules, sont garnies, à l'intérieur, d'un duvet épais et blanchâtre, et munies de glandes sessiles sur leur bordure extérieure. La corolle, un peu odorante, présente cinq à six rangs de pétales blancs, ceux du centre un peu teints en rose, irrégulièrement échancrés au sommet, presque jaunes vers l'onglet, larges de dix à douze lignes. Étamines nombreuses.

OBSERVATIONS.

Ce Rosier diffère de celui de Francfort par ses fleurs blanches, et ses rameaux florifères aiguillonnés; le *Rosa rapa* de M. Bosc s'en éloigne par ses feuilles luisantes; le *turbinata inermis*, par ses folioles entièrement glabres; et le *Rosenbergiana*, par ses rameaux hérissés d'un très-grand nombre d'aiguillons. Toutefois, la forme des tubes des calices, l'avortement d'une grande partie de ses fleurs, et d'autres caractères, le rangent naturellement dans le groupe des *turbinatæ*.

Il paraît constant que notre arbrisseau a été obtenu de semis, par M. Cugnot, jardinier, barrière de Sèvres, à Paris: mais nous devons dire que nous l'avons trouvé greffé dans beaucoup de jardins, notamment dans ceux de MM. Cels et Noisette; de M. Vibert, à Chennevières-sur-Marne; de M. Le Dru, maire de Fontenay-aux-Roses; de M. Catel, membre de l'Institut; de M. le docteur Cartier, et chez d'autres amateurs. C'est une jolie variété, et la seule du groupe des *turbinatæ* que nous ayons encore rencontrée à fleurs blanches.

Rosa Campanulata alba. *Rosier Campanulé à fleurs blanches.*

P. J. Redouté pinx. Imprimerie de Rémond Langlois sculp.

ROSA RUBIGINOSA

(*aculeatissima.*)

R. *germinibus subovatis pedunculisque hispidis; foliolis subrotundis, supra subpubescentibus, subtus margineque glandulosis; caule aculeis inæqualibus confertissimis subrectis; floribus* 2 – 3 *subcorymbosis.* (N.)

R. *Rubiginosa aculeatissima.* Du P. *Gym. Rosarum, in* Thy. R. Candolleana, p. 13, *sp.* 2, *var.* 4. Thy. Prod. de la Mon. du genre Rosier, p. 110, groupe 20, var 2 (1)

LE ROSIER ROUILLÉ

(*à tiges très-épineuses.*)

DESCRIPTION.

Cet arbrisseau s'élève en un buisson touffu à la hauteur de quatre pieds, au plus. Ses branches sont hérissées d'un grand nombre d'aiguillons inégaux, fermes, rapprochés entre eux, la plupart presque droits. Les feuilles se composent de sept, rarement de neuf folioles, un peu visqueuses, ovales-arrondies, légèrement pubescentes en-dessus, à dentelure double et glanduleuse : elles sont portées par un pétiole pubescent, chargé de glandes, garni de quelques petits aiguillons crochus, ayant

(1) Prodrome de la Monographie des espèces et variétés du genre Rosier, divisées selon leur ordre naturel, avec la synonymie, les noms vulgaires, un tableau synoptique, et deux planches gravées en couleur. Ouvrage utile aux botanistes-cultivateurs, pour l'arrangement méthodique de ces arbrisseaux dans les grandes collections, et aux pépiniéristes pour répondre aux demandes qui leur seraient faites. Par Claude-Antoine Thory, 1 vol. in-12. Paris, de l'imprimerie de Firmin Didot, chez P. Dufart.

à sa base des stipules entières, à bords glanduleux. Les fleurs, assez petites, sont disposées par deux ou trois à l'extrémité des rameaux; il est assez rare de les trouver solitaires. Le pédoncule ainsi que le tube ovoïde du calice sont hérissés de poils roides surmontés de glandes. Les divisions du limbe sont pinnatifides et spatulées au sommet. Corolle de cinq pétales d'un rose-pâle, un peu jaunes vers l'onglet. Styles velus, et très-courts.

OBSERVATIONS.

Ce Rosier n'est recherché que par ceux qui forment des collections; car son aspect n'est pas agréable, et il ferait peu d'effet dans les jardins d'ornement. Du Pont l'a obtenu de semence et communiqué aux curieux vers l'année 1810. Il a de grands rapports avec le R. *Rubiginosa triflora,* de M. le professeur Rau, dont il ne diffère que par les nombreux aiguillons qui couvrent ses tiges. Il se plaît à l'exposition du midi, et donne des fleurs pendant plus d'un mois, sur-tout si on l'abandonne à lui-même, et si l'on évite de le tailler.

Rosa rubiginosa aculeatissima. *Rosier rouillé très épineux.*

P. J. Redouté pinx. Imprimerie de Rémond. Chapuy sculp.

ROSA PIMPINELLIFOLIA,

(Var. flore albo submultiplici.)

Voyez vol. 1 de cet ouvrage, page 84, var. θ.

LE ROSIER PIMPRENELLE BLANC,

(Variété à fleurs doubles.)

DESCRIPTION.

Arbrisseau rameux qui s'élève en buisson à la hauteur de deux pieds et demi, ou environ. Ses tiges sont armées d'un grand nombre d'aiguillons inégaux, les uns droits, les autres recourbés. Les folioles, au nombre de cinq, sept, ou neuf, d'un vert-gai en-dessus, plus pâles et quelquefois rougeâtres en-dessous, sont rondes ou ovales-arrondies, profondement dentées. Elles sont portées par des pétioles quelquefois glabres, plus souvent munis de petits aiguillons jaunâtres et crochus, ayant à leur base deux stipules bifides, assez larges, denticulées en leur bord. Les fleurs naissent solitaires à l'extrémité des rameaux qui croissent le long des branches principales. Le pédoncule qui les supporte, en général renflé au sommet et aminci à la base, est couvert de poils spinuliformes, surmontés de petites glandes. Le tube du calice, presque rond, est entièrement glabre, et coloré en partie, à l'extérieur, d'une teinte de rouge-brun. Les divisions du limbe, entières, pointues au sommet, sont également glabres à l'extérieur, et cotonneuses intérieurement. Corolle de huit à dix rangs de pétales blancs, les uns pointus, les autres échancrés en cœur au sommet. Les fruits arrondis de cet arbrisseau, d'abord d'un rouge-vif, noircissent à la maturité.

OBSERVATIONS.

C'est à M. Descemet que les amateurs doivent ce Rosier remarquable par son élégance et la beauté de ses fleurs. Il a été long-temps rare et cher; mais aujourd'hui on le trouve dans presque toutes les pépinières, où il reçoit le nom de *pompon blanc*. Il fait un très-bel effet, greffé, un peu bas, sur le *canina :* alors il pousse vigoureusement, et donne, dès la seconde année, des têtes magnifiques. Pour avoir des fleurs d'un beau volume, et en plus grande quantité, il faut le cultiver au levant, mais sur-tout ne point le tailler, et se contenter de le débarrasser du bois mort, soins nécessaires à sa conservation. Il n'est pas rare de le voir *remonter*, c'est-à-dire donner de nouvelles fleurs à l'automne.

Rosa Pimpinellifolia alba flore multiplici. | *Rosier Pimprenelle blanc à fleurs doubles.*

P. J. Redouté pinx. | Imprimerie de Rémond | Teillard sculp.

ROSA CENTIFOLIA

Anglica rubra.

(Voyez vol. 1, p. 78, var. ι.)

LE ROSIER DE CUMBERLAND.

DESCRIPTION.

Ce Rosier forme un buisson qui s'élève à la hauteur de deux pieds, ou environ. Ses branches sont couvertes d'aiguillons nombreux, inégaux, presque droits. Les feuilles se composent de cinq, quelquefois de trois folioles larges, molles au toucher, doublement dentées, vertes en-dessus, plus pâles et pubescentes en-dessous, munies, en leur bord, d'un duvet blanchâtre entremêlé de petites glandes pédicellées : le pétiole qui les supporte est velu et sans aiguillons. Les fleurs, très-odorantes, sont disposées par trois ou quatre à l'extrémité des rameaux. Elles sont portées par des pédoncules allongés, lâches, hérissés de poils glanduleux. Les tubes du calice, épais, de forme ovoïde, sont également hérissés. Les divisions du limbe, trois pinnatifides et deux simples, sont aussi glanduleuses à l'extérieur, et munies intérieurement d'une espèce de duvet blanchâtre. La corolle, souvent large de près de trois pouces, est composée de dix à douze rangs de pétales d'un rose-vif; ceux de la circonférence présentent la même teinte que les pétales du centre.

OBSERVATIONS.

Cette magnifique variété, remarquable par la forme arrondie de ses fleurs, est très-estimée en Angleterre, où elle est connue depuis long-temps. Ce n'est que depuis quinze ou vingt ans qu'on la cultive en France. Sa fleur est absolument semblable à celle du Rosier à cent feuilles ordinaire, dont elle ne diffère que par la couleur uniforme de ses pétales : on sait que ceux de la *Cent-feuilles ordinaire* présentent une teinte rose, qui devient plus foncée à mesure qu'ils se rapprochent du centre de la fleur. Nous en avons vu de magnifiques pieds greffés dans le jardin de M. Catel, à Paris. On la trouve dans beaucoup de nos pépinières. L'arbrisseau est délicat, et demande l'exposition du levant. Nous cultivons une sous-variété à tubes et lanières très-mousseuses, que nous nous proposons de publier.

Rosa centifolia Anglica rubra. *Rosier de Cumberland.*

P. J. Redouté pinx. Imprimerie de Rémond Langlois sculp.

ROSA PIMPINELLIFOLIA MAJOR,

(*var. flore variegato.*)

R. *pimpinellifolia pumila floribus variegatis.* Nouv. Duham. vol. 7, p. 2, var. ι.

R. *nova variegata.* Du P. *Gym. Ros.* p. 14.

Voyez cet ouvrage, tome 1, page 84.

LA GRANDE PIMPRENELLE AUX CENT ÉCUS.

DESCRIPTION.

Le Rosier dont nous offrons la figure n'est qu'une sous-variété du Rosier de Du Pont, arbrisseau beaucoup plus petit dans toutes ses parties, et que l'hiver de 1819 a fait périr dans les jardins de Paris et des environs : nous en possédons encore un pied; et il n'en existe plus, à notre connaissance, qu'un seul buisson dans la collection de M. Le Meunier, de la Flèche.

Notre sous-variété, dont la fleur est plus belle et les panachures plus vives que celles du type, s'élève, en un buisson assez touffu, à la hauteur de deux pieds, ou environ. Ses rameaux, d'une couleur brune, sont garnis d'un très-grand nombre d'aiguillons fins, inégaux, presque droits, très-rapprochés. Les feuilles se composent de sept, souvent de neuf, quelquefois de onze folioles ovales-obtuses, simplement dentées, très-entières à leur base, glabres sur les deux faces : elles sont portées par un pétiole également glabre, ayant à sa base deux stipules bifides et pointues. Les fleurs, légèrement odorantes, naissent solitaires, rarement deux ensemble, à l'extrémité des petits rameaux qui croissent le long des branches principales. Les pédoncules et les tubes des calices sont, indifféremment, glabres ou hispides. Les divisions du limbe sont simples, pointues, ou spatulées au sommet. La corolle présente cinq pétales assez grands, eu égard à ceux du Rosier obtenu par Du Pont, agréablement et irrégulièrement panachés de blanc-grisâtre, de rose-pâle, et de rose plus foncé, jaunes vers l'onglet, échancrés en cœur au sommet. Le fruit est petit, d'abord rouge, enfin noir à la maturité.

OBSERVATIONS.

Ce joli Rosier nous a été communiqué par M. Vibert, sous le nom de *Pimprenelle belle Laure*, n° 2. Il a été obtenu de semence dans la pépinière de M. Descemet, et publié par ce savant pépiniériste avant son départ pour la Russie. Il est rare dans les jardins; mais on peut se le procurer dans la pépinière de M. Vibert. Les amateurs pourront en voir un pied greffé dans le carré des Roses, au Luxembourg. L'arbrisseau donne ses fleurs en mai : il paraît plus susceptible de résister aux gelées que celui de Du Pont.

Rosa Pimpinellifolia flore variegato. La Pimprenelle aux Cent-Écus.

P. J. Redouté pinx. Imprimerie de Rémond. Langlois sculp.

ROSA GALLICA

granati.

(Voyez vol. 1, p. 74, var. δ.)

LE ROSIER DE FRANCE

à pomme de grenade.

DESCRIPTION.

C'est la figure du fruit de cet arbrisseau qui a une ressemblance éloignée avec le fruit du grenadier (*punica granatus*), qui lui a fait donner, dans la pépinière de M. Villemorin, le nom sous lequel nous le présentons. Il s'élève, en un buisson peu touffu, à la hauteur de deux pieds et demi, ou environ. Ses rameaux sont armés d'aiguillons nombreux, inégaux, les uns droits, les autres recourbés. Les feuilles se composent de cinq, rarement de sept folioles, grandes, d'un vert-pâle en-dessus, tomenteuses en-dessous et sur leur bordure, doublement et finement dentées, toutefois un peu moins épaisses et ridées que celles des autres variétés du R. *Gallica*. Elles sont portées par un pétiole velu, muni de plusieurs petits aiguillons, ayant, à sa base, deux stipules assez grandes, bifides, denticulées en leur bord. Les fleurs, presque inodores, sont disposées par trois ou quatre à l'extrémité des rameaux. Les pédoncules, ainsi que les tubes arrondis du calice, sont garnis de petits poils glanduleux. Les divisions du limbe, allongées, quelquefois foliacées, trois pinnatifides et deux simples, sont aussi glanduleuses à l'extérieur, et velues intérieurement. Corolle de quatre à cinq rangs de pétales, d'un rose un peu pâle, à-peu-près analogue à celui des pétales de la Rose à cent feuilles commune. Styles un peu allongés et presque réunis en faisceau.

OBSERVATIONS.

Cette belle variation du *Rosier de France,* très-remarquable par la couleur de ses pétales et sur-tout par la forme de ses fruits, a été obtenue de semence par M. Villemorin, il y a déja plusieurs années. On la trouve dans quelques jardins d'amateurs; mais elle n'est pas très-répandue. Sa culture est la même que celle que l'on donne à tous les individus du groupe des *Gallicæ.* Elle veut être taillée un peu court. L'arbrisseau donne ses fleurs à la fin de juin.

Rosa Gallica Granatus. — *Rosier de France à Fleurs de Grenade.*

P. J. Redouté pinx. — Imprimerie de Rémond — Victor sculp.

ROSA SEPIUM,

(*var. flore submultiplici.*)

R. *sepium Rosea flore submultiplici.* Thy. Prod. p. 114.

LE ROSIER DES HAIES,

(*var. à fleurs semi-doubles.*)

DESCRIPTION.

Arbrisseau rameux qui, comme son type, s'élève à la hauteur de quatre ou cinq pieds. Ses branches sont armées d'aiguillons assez nombreux, recourbés, un peu blanchâtres. Ses feuilles se composent de cinq, ou de sept folioles, petites, chaque paire écartée l'une de l'autre, un peu moins, cependant, que dans l'espèce à cinq pétales; elles sont pointues au sommet et à la base, lisses en-dessus, munies, en-dessous, de quelques glandes, à dents serraturées et glanduleuses. Le pétiole qui les supporte, également glanduleux, est garni de petits aiguillons. A sa base se trouvent deux stipules bifides denticulées en leur bord. Les fleurs sont quelquefois solitaires; mais à l'extrémité des rameaux les plus vigoureux, on en trouve souvent trois ou quatre réunies. Le pédoncule qui les supporte, ainsi que le tube ovoïde du calice, sont glabres. Les divisions du limbe, deux pinnatifides et deux simples, sont garnies, à l'intérieur, d'un duvet blanchâtre. Corolle de quatre à cinq rangs de pétales d'un rouge-pâle, blancs vers l'onglet, échancrés en cœur au sommet. Styles presque glabres, comme réunis en faisceau.

OBSERVATIONS.

Cet arbrisseau a fleuri, pour la première fois, l'été dernier, chez M. Cugnot, qui l'a obtenu de semence. Ses fleurs sont élégantes et se montrent au commencement de juin : il est très-robuste, et n'exige aucune culture ; tous les terrains et toutes les expositions lui conviennent. Il ne faut pas le tailler.

Rosa sepium flore submultiplici. **Rosier des haies à fleurs semi-doubles.**

P. J. Redouté pinx. Imprimerie de Rémond. Eug. Talbeaux sculp.

ROSA HUDSONIANA
scandens.

LE ROSIER D'HUDSON
(*variété à tiges grimpantes.*)

DESCRIPTION.

Arbrisseau qui paraît susceptible de s'élever à une grande hauteur, et propre à couvrir des berceaux et des tonnelles. Ses rameaux lisses, d'un rouge-brun sur les parties exposées au soleil, sont dépourvus d'aiguillons. Les feuilles se composent de sept folioles, allongées, mais plus élargies que dans l'*Hudsoniana salici-folia*, dont nous avons donné la figure, d'un vert-gai en-dessus, plus pâles en-dessous, glabres sur les deux faces, simplement dentées, chaque paire de folioles écartée l'une de l'autre. Elles sont portées par un pétiole muni, en-dessous, de quelques petits aiguillons crochus et rougeâtres. A sa base sont des stipules repliées sur elles-mêmes, pointues au sommet, munies d'un léger duvet sur la bordure. Les fleurs, solitaires, ou plus rarement géminées, naissent à l'extrémité des rameaux qui croissent le long des branches principales. Le pédoncule qui les supporte est glabre, ainsi que les tubes ovoïdes du calice. Les divisions du limbe sont également glabres à l'extérieur, et légèrement duvetées à l'intérieur. La corolle se compose de trois ou quatre rangs de pétales d'un rose-tendre et très-agréable. L'arbrisseau donne ses fleurs au mois de mai. Nous n'en avons pas vu les fruits.

Nomenclature des variétés connues du R. HUDSONIANA.

R. HUDSONIANA.

Voyez vol. 1, p. 95.

α. R. HUDSONIANA *salici-folia*. Le Rosier d'HUDSON *à feuilles de saule*. Voyez *l. c.*

β. R. HUDSONIANA *scandens*. Le Rosier d'HUDSON à tiges grimpantes. Il diffère du précédent par ses tiges très-allongées, et ses fleurs semi-doubles presque toujours solitaires.

γ. R. HUDSONIANA *subcorymbosa*. Le Rosier d'HUDSON *à fleurs presque en corymbe*. Celui-ci s'éloigne des deux autres par la disposition de ses fleurs toujours réunies par trois ou quatre, même plus, à l'extrémité des ramuscules qui sortent des branches principales.

La variété β a donné des fleurs, pour la première fois, cet été, dans le jardin de Fleury.

Tous ces Rosiers se reproduisent très-facilement de semence, si nous en jugeons par la variété α qui, comme nous l'avons déja dit, a fleuri dans notre collection dès la troisième année.

M. J. LINDLEY, dans une Monographie du genre Rosier, qu'il vient de publier à Londres (octobre 1820), cite, sans examen ni discussion préalables, en synonyme du R. *Carolina*, notre Rosier d'HUDSON, qu'il n'a vraisemblablement jamais vu ni vivant, ni desséché. Nous l'invitons à lire la description que nous avons donnée du R. HUDSONIANA, et à méditer la figure qui l'accompagne. Il y verra que cette espèce offre des tubes et des pédoncules glabres, ou très-rarement munis de quelques poils, tandis que ces organes en sont toujours recouverts dans le *Carolina*: que l'un des caractères les plus saillants de ce dernier Rosier, signalé par les MICHAUX, les Bosc, et par tous les botanistes qui l'ont apporté de son pays natal en France, c'est que les tiges sont armées d'aiguillons longs, presque droits, parmi lesquels *les deux aiguillons stipulaires se font remarquer par leur parfaite opposition*, lorsque, au contraire, notre R. HUDSONIANA est absolument glabre, et ne présente que deux ou trois petites épines sur le pétiole des feuilles, etc. Au reste, tout porte à faire croire que le botaniste anglais a confondu un autre Rosier avec le R. *Carolina*, si l'on en juge par la figure (tab. 4) à laquelle il renvoie comme offrant l'image de cet arbrisseau: excepté les tubes hérissés du calice, ce qu'on rencontre d'ailleurs dans beaucoup d'autres espèces, on ne trouve, dans son dessin, rien qui puisse le faire rapporter au Rosier de la *Caroline*.

Rosa Hudsoniana scandens. Rosier d'Hudson à tiges grimpantes.

P. J. Redouté pinx. Imprimerie de Rémond Villard sculp.

ROSA ALPINA VULGARIS.

LE ROSIER DES ALPES COMMUN.

(Voyez ce volume, page 56.)

DESCRIPTION.

C'est un arbrisseau qui s'élève à trois ou quatre pieds. Ses tiges sont longues, diffuses et glabres en général. Quelquefois, dans certains terrains, on remarque de petits aiguillons à leur base. Les feuilles se composent de sept, de neuf, même de onze folioles assez petites, ovales-obtuses, d'un vert-gai en-dessus, plus pâles en-dessous, doublement dentées en scie. Elles sont portées par des pétioles un peu rudes au toucher, ayant à leur base des stipules dilatées, denticulées en leur bord. Les fleurs, tantôt solitaires, tantôt disposées par deux ou trois, naissent à l'extrémité des rameaux qui croissent le long des branches principales. Le tube du calice est hispide, ainsi que le pédoncule, dans l'individu dont nous offrons la figure : mais ce caractère est très-variable, et souvent l'un et l'autre de ces organes sont absolument glabres. Les divisions du limbe sont entières, prolongées en pointe, parfois spatulées au sommet. Corolle de cinq pétales d'un rouge-vif, un peu jaunes vers l'onglet, échancrés en cœur au sommet. Les stigmates sont réunis en une tête sessile au centre de la fleur. Fruits rouges, ovoïdes, en général glabres; mais, dans quelques variétés, parsemés d'un petit nombre de poils roides et glanduleux.

OBSERVATIONS.

Ce Rosier, l'un des premiers qui montre ses fleurs dans le climat de Paris, est commun dans les Alpes, les Vosges, les Pyrénées, les montagnes d'Auvergne, et ailleurs, où il fleurit depuis le mois de mai jusqu'à la fin de juillet. Il a donné, tant dans les lieux où il croît spontanément que dans nos jardins, une multitude de variétés que des auteurs ont présentées comme des espèces nouvelles: telles sont, entre autres, le R. *Pyrenaïca*, de Gouan; le R. *hispida*, de Kroch; les R. *hybrida* et *lagenaria*, de Villars; le R. *pendulina*, de Linné; le R. *sanguisorbæ-folia*, de Dillenius, etc.; mais on sait aujourd'hui que ces individus doivent être rapportés, comme de simples variétés, à notre Rosier. C'est à cette occasion que M. le curé de Corbières a dit dans son Essai de la Monographie des Rosiers indigènes du canton de Fribourg: « On devrait, ce me semble, appeler ce Rosier R. *multifloris*, ou « R. *polymorpha*. »

Rosa Alpina vulgaris. — *Rosier des Alpes commun.*

P. J. Redouté pinx. — Imprimerie de Remond — Chapuy sculp.

ROSA ROSENBERGIANA.

(Voyez ce volume, page 8, *spec.* 4.)

R. *germinibus oblongo-turbinatis; foliolis ovatis subtus subpubescentibus; floribus flaccidis, paniculatis; petalis rarissime explicatis; caule aculeatissimo.* THY. Prod. de la Mon. du Rosier, p. 121.

LE ROSIER DE ROSENBERG.

DESCRIPTION.

Arbrisseau, du groupe des Rosiers à tubes turbinés, qui s'élève, en un buisson très-touffu, à la hauteur de deux pieds et demi ou trois pieds. Ses branches sont hérissées d'un grand nombre d'aiguillons jaunâtres, presque droits, d'inégale longueur. Les feuilles se composent de cinq, rarement de sept folioles de forme ovale, profondément crénelées, glabres en-dessus, tomenteuses en-dessous. Elles sont portées par un pétiole velu, muni de quelques petits aiguillons, ayant à sa base des stipules bifides et entières. Les fleurs se réunissent en une espèce d'ombelle à l'extrémité des rameaux. Elles sont supportées par des pédoncules hérissés, ainsi que les tubes turbinés des calices, d'un grand nombre de petits aiguillons inégaux pareils à ceux qui recouvrent les branches. Les divisions du limbe, aussi recouvertes extérieurement de petites épines, sont entières, parfois pointues au sommet, mais plus souvent spatulées et même foliacées. Corolle de plusieurs rangs de pétales blancs, ceux du centre légèrement lavés d'une teinte rose. Nous ne connaissons pas le fruit du Rosier.

Observations particulières à cet arbrisseau.

Ce Rosier étale, au mois de juin, une très-grande quantité de boutons qu'on croit toujours prêts à fleurir, mais qui ne s'épanouissent que très-rarement. Nous l'avons suivi, pendant plusieurs années, dans le jardin de M. Boursault, et ce n'est qu'en 1819 que nous sommes parvenu à observer, au milieu de plus de soixante boutons, la fleur dont nous offrons la figure. Ces boutons, ordinairement, noircissent et tombent avant leur développement, et trompent ainsi l'espérance des amateurs. C'est cette circonstance, au reste, qui avait fait donner à ce Rosier le nom de *Muscade noire;* mais après l'avoir observé dans tous ses états, nous y avons reconnu une espèce nouvelle, qu'on ne peut confondre avec aucune autre.

Nous avons dédié notre arbrisseau à la mémoire de *Jean-Charles* Rosenberg, auteur de la Rhodologie (1), ouvrage très-remarquable, pour le temps dans lequel il a paru, uniquement consacré à la Rose, et qui remplit, dans un volume in-8° de plus de 400 pages, imprimé en caractères très-fins, toutes les conditions rigoureusement exigées d'une Monographie; c'est-à-dire la littérature, l'histoire, la physique, la culture et l'économie du Rosier, enfin la nomenclature et la description de toutes les espèces et variétés du genre, telles qu'on les connaissait au commencement du dix-septième siècle. S'il est vrai de dire que, dans cette dernière partie de son ouvrage, Rosenberg n'a fait que copier, à-peu-près servilement, le travail de C. Bauhin, on conviendra, cependant, qu'il a ajouté à la nomenclature de cet auteur des observations critiques, des notes savantes, des noms vulgaires, et tout ce qui pouvait alors servir à éclaircir le texte de Bauhin. Au surplus, l'ouvrage de Rosenberg, original dans toutes ses autres parties, a servi de modèle et de guide à tous les auteurs qui, depuis, ont donné des dissertations sur la Rose, et qui l'ont traduit ou copié sans le citer. Nous ne connaissons que le président d'Orbessan qui ait dédaigné ce vil plagiat, et qui ait scrupuleusement rendu à Rosenberg ce qu'il a cru devoir lui emprunter pour l'ornement de son excellent *Essai sur la Rose.*

(1) Voyez Rosenberg, dans notre Biblioth. Bot. Rosarum.

Rosa Rosenbergiana. Rosier de Rosenberg

P. J. Redouté pinx. Imprimerie de Rémond Langlois sculp.

ROSA CENTIFOLIA

Anemonoides.

R. *petalis incarnatis amœne involutis.* Red. R. vol. 1, p. 78, var. β.
R. *Centifolia anemonoides.* Thy. Prod. p. 76, var. β.
La Rose anémone. *Hortul.*

LE ROSIER CENT-FEUILLES-ANÉMONE,

DESCRIPTION.

Cette belle variété du Rosier à cent feuilles ne peut se perpétuer qu'au moyen de la greffe : c'est en la marcottant, ensuite, qu'on obtient des francs-de-pied. Ainsi traité, l'arbrisseau s'élève, en un buisson peu touffu, à la hauteur de deux pieds, ou environ. Ses tiges sont hérissées d'un petit nombre d'aiguillons et de poils roides et glanduleux. Ses feuilles se composent de cinq folioles, rarement de sept, ovales-elliptiques, profondément crénelées, vertes en-dessus, pubescentes en-dessous, molles au toucher, munies en leur bord d'un léger duvet entremêlé de glandes. Elles sont portées par des pétioles velus, un peu rudes au toucher, mais sans aiguillons apparents, ayant à leur base des stipules bifides, pointues au sommet. Les fleurs sont disposées par deux ou trois à l'extrémité des rameaux. Les tubes ovoïdes du calice sont recouverts, ainsi que les longs pédoncules qui les supportent, d'une multitude de petits poils roides, glanduleux et odorants. Les divisions du limbe, trois pinnatifides et deux simples, sont glanduleuses à l'extérieur, et munies intérieurement d'un duvet blanchâtre. Corolle de cinq à six rangs de pétales, de couleur rose; les intérieurs plus courts, repliés, concaves et ressemblant assez bien à la fleur d'une anémone.

OBSERVATIONS.

Ce Rosier a été trouvé, dans un jardin des environs du Mans, par M. Poilpré, pépiniériste, il y a environ dix ans. M. le chevalier de Tascher, amateur distingué, de la même ville, l'a nommé *Rosier anémone,* nom sous lequel M. Poilpré l'a répandu dans les collections. L'arbrisseau est très-délicat et ne réussit bien qu'à une exposition abritée, encore ne se couvre-t-il que d'un petit nombre de fleurs. Comme tous les Rosiers à cent-feuilles, il faut le tailler court, au mois de février. Cet arbrisseau n'est pas encore très-répandu, et les amateurs qui voudront le conserver feront sagement de le greffer souvent. On le trouve dans les pépinières de MM. Noisette et Poilpré.

Rosa Centifolia Anemonoides. La Centfeuilles Anémone.

P. J. Redouté pinx. Imprimerie de Rémond. Victor sculp.

ROSA HUDSONIANA

Subcorymbosa.

R. Hudsoniana *fl. submultiplici.* Thy. Prod. p. 147.

LE ROSIER D'HUDSON

à fleurs presque en corymbe.

DESCRIPTION.

Ce Rosier s'élève à deux ou trois pieds. Ses branches, diffuses, rougeâtres, particulièrement sur les parties exposées au soleil, sont absolument dépourvues d'aiguillons. Ses feuilles se composent de cinq, sept, ou neuf folioles de forme elliptique-allongée, pointues à la base et au sommet, glabres sur les deux faces, vertes en-dessus, glauques en-dessous, finement et simplement dentées en scie. Le pétiole qui les supporte est légèrement velu; on y rencontre parfois quelques petits aiguillons. Il est muni de stipules étroites et bifides, repliées sur elles-mêmes. Les fleurs se réunissent, en une espèce de corymbe, à l'extrémité des rameaux. Les pédoncules qui les supportent sont garnis d'un petit nombre de poils glanduleux. Les tubes des calices, ovoïdes-allongés, sont indifféremment glabres ou munis de quelques poils sur le même arbrisseau. Les divisions du limbe sont simples, pointues ou spatulées au sommet, glanduleuses à l'extérieur et sur leur bordure, et couvertes d'un duvet blanchâtre à l'intérieur. La corolle présente cinq ou six rangs de pétales, d'un rose-tendre irréguliérement arrondis au sommet. Étamines très-nombreuses. Stigmates réunis en une tête sessile au centre de la fleur.

OBSERVATIONS.

Cette variation du Rosier D'HUDSON diffère de la variété à feuilles de saule (vol. 1, p. et fig. 95) par ses folioles moins allongées et de forme elliptique, ses ovaires plus constamment glanduleux, et ses fleurs semi-doubles. Quant à notre R. HUDSONIANA *scandens*, il se distingue facilement des deux autres par ses rameaux grimpants, et ses fleurs le plus souvent solitaires, rarement réunies par deux ou trois.

Le dessin du Rosier dont nous présentons aujourd'hui la figure a été fait sur des échantillons pris dans le jardin de M. TERNAUX, à Auteuil, où il a été, depuis peu, obtenu de semence.

Rosa Hudsoniana Subcorymbosa. *Rosier d'Hudson à fleurs presqu'en Corymbe*

P. J. Redouté pinx. Imprimerie de Rémond. Eug. Talbeaux sculp.

ROSA INDICA

Subviolacea.

R. *Indica chremesina.* Thy. Prod. p. 129, var. δ.
La Bengale Ternaux, *hortul.*

LE ROSIER DES INDES

à fleurs presque violettes.

DESCRIPTION.

Ce petit Rosier n'est qu'une sous-variété de notre Rosier des Indes à fleurs cramoisies (voyez cet ouvrage, vol. 1, p. 38). Ses tiges sont armées de forts aiguillons crochus, courts, très-dilatés à leur base. Les feuilles se composent de cinq ou de sept folioles pointues au sommet, vertes en-dessus, plus pâles en-dessous, crénelées, colorées en leur bordure. Elles sont supportées par un pétiole légèrement tomenteux, garni de plusieurs petits aiguillons jaunâtres et très-aigus. A sa base sont deux stipules décurrentes, pointues au sommet, denticulées en leur bord. Les fleurs, de la grandeur de celles du Rosier *multiflore* commun, se réunissent, à l'extrémité des rameaux, en une espèce d'ombelle. Elles sont supportées par des pédicelles grêles, munis de poils glanduleux, ayant à leur base des bractées opposées et longues, en général simples, mais quelquefois foliacées. Le tube du calice est petit, de forme ovoïde et glabre. Les divisions du limbe sont également glabres; elles se défléchissent avant l'épanouissement, phénomène qu'on retrouve dans tous les individus du groupe des Rosiers des Indes. Corolle presque pleine, d'un beau cramoisi tirant sur le violet; circonstance qui rend cette sous-variété remarquable, et la sépare de toutes les autres.

OBSERVATIONS.

Cette variété a été obtenue de semence dans le jardin de M. Ternaux; c'est pour ce motif qu'on l'a répandue sous son nom. On peut aujourd'hui se la procurer dans beaucoup de pépinières. Ceux qui cultivent la série des Rosiers du Bengale, s'empresseront de placer celui-ci dans leur collection, non-seulement à cause de la belle couleur des pétales, mais encore parce qu'il est continuellement en fleurs, l'été dans nos parterres, et l'hiver, dans les bâches où on l'abrite.

Rosa Indica subviolacea. *Rosier des Indes à fleurs presque violettes.*

P. J. Redouté pinx. Imprimerie de Rémond Langlois sculp.

ROSA GALLICA

Pontiana.

R. *gallica* Pontii, *germinibus subglobosis, pedunculis hispido-glandulosis, caule petiolisque aculeatis, foliolis oblongis acutis.* Red. R. vol. 1, p. 75, var. β.

R. *gallica* Pontiana. Thy. Prod. de la Mon. du genre Rosier, p. 90, var. β.

La Rouge formidable. Hortul.

LE ROSIER D'ANDRÉ DU PONT.

DESCRIPTION.

Arbrisseau qui s'élève en buisson à la hauteur de trois ou quatre pieds. Ses tiges, d'un vert-obscur, se divisent en rameaux diffus, nombreux, armés d'aiguillons courts, inégaux, rapprochés entre eux. Les feuilles se composent de cinq ou de sept folioles, les unes ovales, les autres arrondies, fermes et cassantes, doublement et finement dentées, glabres en-dessus, velues en-dessous, garnies de quelques glandes en leur bordure. Elles sont portées par un pétiole velu, muni de petits aiguillons rares : à sa base, sont deux stipules élargies et denticulées. Les fleurs naissent à l'extrémité des rameaux, où elles se réunissent plusieurs ensemble. Les pédoncules qui les soutiennent sont longs et plus ou moins hispides. Les tubes du calice sont en général globuleux; cependant on en rencontre, sur un même arbrisseau, quelques-uns qui présentent une forme ovoïde-allongée. Ces tubes sont hispides-glanduleux, ainsi que les divisions pinnatifides du limbe. Corolle grande, de sept à huit rangs de pétales, d'un rouge-éclatant, et d'une odeur agréable, quoique peu pénétrante.

OBSERVATIONS.

Nous avons cru pouvoir supprimer le nom bizarre que l'on donne à cette Rose, dans les pépinières, pour y substituer celui de *André* Du Pont, qui a cultivé le Rosier avec tant de succès, et qui a répandu dans les jardins la plupart des belles espèces qui en font l'ornement. Cet amateur célèbre, né dans le Palatinat, en 1756, est mort à Paris à la fin de 1817.

Rosa Gallica Pontiana — *Rosier du Pont.*

P. J. Redouté pinx. — Imprimerie de Rémond — Bessin sculp.

TABLE ALPHABÉTIQUE

DES NOMS DES ROSES

FIGURÉES DANS CE DEUXIÈME VOLUME.

FIN DU TOME SECOND.

AU RELIEUR.

Le Relieur suivra, dans l'arrangement de ce volume, les indications que nous lui avons données à la fin du premier.

www.ingramcontent.com/pod-product-compliance
Ingram Content Group UK Ltd.
Pitfield, Milton Keynes, MK11 3LW, UK
UKHW022031170726
13837UKWH00002B/532